1

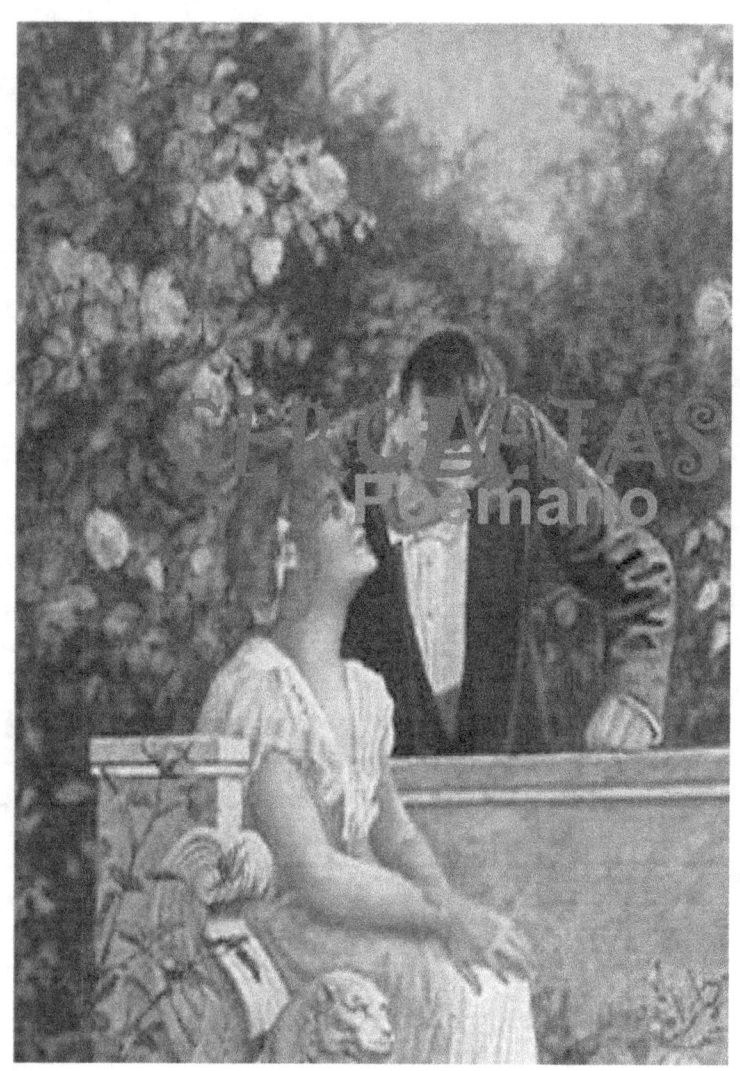

Venus Maritza Hernández

Registro de Propiedad Intelectual

Código N°: 1409282208231

Venus Maritza Hernández 1° Edición
Septiembre 2014

En este poemario al que he titulado Cercalejas
(cerca y lejos) Expongo muchos de mis poemas
para el disfrute de los lectores.
Algunos totalmente inéditos.

El amor virtual

El amor virtual tiene distintas percepciones y
definiciones. Hay quienes lo definen como
imaginario o platónico, y es cuando el idealismo y
romanticismo se exterioriza. La mente, el yo,
disfruta el amor virtual, y ese amor abstracto, el
cual podría ser táctil, (en el caso de la distancia
como impedimento) percibe la magia y su efecto
se agudiza. Porque en el caso de la lejanía, las
dos mentes están interconectadas mediante la
comunicación moderna (chat, whassap , celular o
correo electrónico).

Los recuerdos sensibilizan también un amor virtual, ubicado en el pasado o el futuro. O quizás en la región de una dimensión paralela, también tenga un lugar primordial en los pensamientos secretos. Transparente, núbil, pero… ¿Podría su consistencia etérea transformarse en materia física?

Los poemas de amor virtual que he escrito se refieren al amor sublime, aquel amor que camina en el bosque o reposa en la superficie del mar.

El amor

Básicamente es lo mismo cualquier clase de amor, es amor, tan simple como eso. Pero el enfoque es distinto, pues se está en persona, aunque al escribirlo, se confundan entre la misma levitación de los poemas etéreos. El punto es que éstas inspiraciones, comienzan desde experiencias personales, hasta no personales, es decir, algunas son de empatía provenientes de la vida real de otras personas. El objetivo es plasmar el arte poético mediante la inspiración con las emociones como instrumento principal, y por supuesto la imaginación.

Social

Los poemas sociales que he escrito, abarcan aspectos de la desviación humana. Poemas con referencia a vicios de; alcohol, cigarrillo, drogas. Personajes de la humanidad como: ladrones, y otros. También verso al indigente, al vagabundo, a los niños de la calle. En muchos de éstos poemas he utilizado a la empatía para expresar el dolor de estos seres.

Varios

Los poemas varios de mi autoría se podrían también clasificar, dentro de esta categoría en: filosóficos, sociales, amor doloroso, visiones, paranormal, automática, en fin, toda clase de poesía variada.
Al indagar en distintos géneros experimentales, propios y aquellos expuestos surgidos en la actualidad, he escrito poemas de toda clase también , por ende, es oportuna su clasificación como tales.

TÍTULOS DE LOS POEMAS

Amores perpetuos
El recuerdo
La espiritualidad es eterna
Sombras humanas
Pétalos de vida
La amistad
Sortilegios
Celos
Sirena del mar
El ocaso de la realidad
Soy
Sólo tú
Fantasía navideña

9

Ángeles
Un universo soñado
Oda a la vida
A mi papá
Frente al espejo
Mi madre y el cofre de las añoranzas
Noche oscura
Los árboles
El cariño de un niño
La vida real
Pobre borracho
Consecuencias del alcoholismo
El indigente
Dejar de fumar
Poema loco de bus
Drogadicción
El olvido del tiempo
Telegrama a mi amor
Fuiste
La nada
La bondad y la maldad
¿Porque?
El amor fallecido
Hechizo indeciso
Mis secretas pretensiones
Respuesta a un poeta del atardecer
El ángel y la ninfa
Controversia
Tus letras están conmigo
Caracol vacío

Amigas y rivales
Monólogo del ego
La hormiguita del olvido
Prismas
Los niños indigentes
Los niños de la calle
Eternidad
Frialdad calmada
Mi iglú
Bola de nieve
Hoja invernal
Agua fría
Romántica virtual
Cuernos
El amante y el esposo
Preámbulo del pesimista
El pesimista
El optimista
Palabras de un escrito
Gravitación
Letras estáticas
Senderos Pacifistas
Poeta sin remedio
La perfección Desvaríos
Los amantes
Irrealidades y trópicos
Remolinos
Isla flotante
Su isla

Ocurrencias poéticas
Virtualidad
Texto virtual
La bailarina del amor
Tu playa de fantasía
Ángel de amor
Fantasía de amor
Mi amor virtual
El hada de luz
Temporaria
El lector y la sirena
Estás y no estás
Un espíritu femenil
Poema de agua
No me olvides
Así escribo
Las llaves
Enamorada
La era glacial de un amor virtual
Letargo de playa
Una caminata en sueños
El silencio prohibido
Belleza física y espiritual
Prosa al amor real e ilusorio
Sortilegios
De ninfa a sirena
Cerca del halo del sol
Origen
Madre abnegada

Dime si te inspiraste por mí
Antiguo y milenario amor
Y yo sigo escribiendo
El príncipe dimensional
Nostalgias
Pesadilla nocturna
El espejo del ayer
Fuiste
Apacible
Persémona
Eclipse
Olvidarte
La estatua
Lo que la brisa no llevó
Mente que divaga
Enigma
Idealización e interrogación
No calles al amor
Amor prohibido
Eres
Mis secretas pretensiones
Tu tritón y yo sirena
Llora
Te necesito
Fragmentos
Gotas de lluvia
Una película plateada
Magia de amor cibernético **Amores perpetuos**

Estoy en una barca apacible,
rodeada de sueños que giran, y
suspiros que laten...

Me extiendo en el navío de la vida,
cruzada entre siglos y amores
versos que acarician, y letras que
nacen.

Palpo el agua de la eternidad,
es fría y tibia, revuelta
y calmada limpia y
turbia...
Las huellas de los pasos errados
y acertados se adhieren a su
humedad de paraíso verde.

Un ave de ingenuidad extrema se posa
sobre el mar promisorio, este fenece entre
las ramas de los sueños.
Los laureles lucen su elegancia. Y el rostro
de seriedad de intelecto posa su mirada,
en la estabilidad de la estancia que siempre
espera, en su abrazo de amores perpetuos.

El recuerdo

La faz nocturnal silente me habla de él y
sus palabras.
Vorágines de versos aliados que tejían poemas
de sueños imposibles.
La realidad se filtra y un resplandor de oscuridad,
decae en las siluetas lejanas.

Los bosques plenos de sentimientos verdes, Se
marchitan y su reseca aridez de apariencias
presentan su palidez de olvido en lo augurado
desde hacía milenios.

Nos fuimos a las sombras de las palabras,
aquellas frases mutuas cubiertas de ternuras
quedaron plasmadas en el espacio y en las
memorias de este siglo.

El sentimiento está en paz y tranquilo
acostado en las rutinas solares, La
amistad rebosa en mi alma tendida
en el césped de la quietud.

La espiritualidad es eterna

El río de sus voces, desbordo a las horas...

Las hojas verdes recitan al tiempo.
Se cansan los minutos, al ejercitar sus brazos
alcanzando metas, que luego terminan.

¿Qué nos queda entonces? la
moral hace su aparición...
tesoros escondidos e invisibles,
algunas veces olvidados....

Se desmayan, y extenuados, se
aferran a la espera.
– ¿Cuándo se enteraran, que somos el
verdadero tesoro?-- Se dicen mutuamente.
"Que no importa cuanto dinero,
y cuanto oro, acumulen sus manos"

La materialidad es pasajera, lo
espiritual, es eterno.
El amor, la comprensión, la misericordia, la
paz, la honestidad, la tolerancia, son algunos
de estas joyas que reposan invisibles.

Sombras humanas

Formas humanas, sombras de gente, perseveran
pacientes y esperan.
Encerradas sus auras, las almas diligentes.
De cuerpo de tierra, o de cera.

El compás en nieblas acompasadas...
Siluetas oscuras, ¿Almas blancas o duras?
¿Bandada humana, o jauría de humanos
terrestres?

Pétalos de vida

"Soy bella, lo se"
Dijo la flor al río que dejaba caer su cauce, en
sus poéticos extravíos.
He escuchado a las nubes murmurar sobre mi
belleza.
He escuchado al mar, hablar del equilibrio que
existe entre mis pétalos de vida, y mis pétalos
de amor...

"Soy bella totalmente, por fuera y por dentro"
Así lo dijo el océano públicamente, en presencia
de la arena, un poema, las olas, las gaviotas y
el sol.
¿Así que, qué más puedo pedir a Dios?

El me otorgó atracción por medio de estos dones,
y vivo eternamente enamorada del invierno, el
verano y el afecto correspondido; extasiada,
suspirando cada céfiro de ternura, cada gota de
invernal cariño desmedido,
que sacia mi sed inagotable de atención y azúcar

Por ti, y por ti, mar y luz
Por ti y por ti, lluvia y resplandor;
que pintan cada hora de existir placentero,
que forjan cada estela de placer natural sobre
el amor total, real y virtual.

Sortilegios

Un céfiro pleno de versos y frescor, surca
vestido de melodías y pensamientos...

Es de noche, es de día, estás
en ambas utopías.

Enalteciendo la atmósfera de tu voz, suaves
sortilegios evocan al amor.
El astro dorado refulge en cada rima,
Intensificando las emociones de su cima.

Estés o no estés, estás
presente en mi mente, ¿No
lo entiendes mi amor?
Transitas en cada pensamiento sumergido en el
mar,
Vivificas cada imagen plasmada en el horizonte
de los sueños.

¡Si! Se que no eres perfecto, Que en
ocasiones, tropiezas con cada
elemento…
Pero después de la tempestuosa tormenta de
celos,
la apacibilidad rige cada átomo de ternura.

Celos

Los celos revolucionan al amor; con
garras de desconfianza y testarudez.
Pero la noche apacigua mi enojo, con
remansos y brillantez.

Sugiero un sueño a los celos;
que las heridas se amortigüen,
con mis ansias y desvelos; que
la espera se quebrante, con un
mañana de claridad, donde tú,
mi fiel galante, profieras sólo
sinceridad.

Tus poemas de amor se elevan
en mi regazo… No quiero que
tus bellos versos, reposen en
otros brazos.

No es egoísmo, no es presunción,
es que, tú eres mi amor, sólo mi
amor;
Y en ésta aureola de galaxias
y astros Sin falacia; Eres
mío, solo mío...

Sirena del mar

Como una sirena del mar hoy me identifico;
visualizada por él, en nuestro mundo azul.

Nado entre las olas de sus sueños, transformada
en ángel.
Camino en la maleza de sus horas, en
forma de ninfa.
El bosque de sus letras es luminoso, con
la presencia de un secreto sol.

Indago en sus versos manifiestos, beso
cada tramo de sus deseos, rebosantes
en cada minuto de amor. Perdono,
sigo, camino y persigo.

Perdono, sueño, espero…

El ocaso de la realidad

Las energías negativas apresan mi divagar
romántico;
Sobre el paisaje de las letras mágicas..
Las aves cantoras se han retirado;
Y en su lugar se han presentado negros cuervos,
Que revoletean sobre mis pensamientos.

El cansancio extenúa a la musa, que habita en
mi universo multicolor. Más
intempestivamente, los graznidos cesan..., Por
un espacio de dos minutos, el mutismo se
perpetúa en los brazos del silencio…

Y retorna el trino de las volátiles, cual
concierto de ensueños
En el óleo expectante, del amanecer… Las
escucho, y me deleito sobre el céfiro contenido
de un lacónico suspiro. Fusionado con la
senectud de un verso antiguo, y perfumado con
la afligida deserción de tu amor.

La música trasciende ideales de intensidad, en
el desgaste de los puntos luminosos del
ominoso sol,
quien a pesar de su excelsa belleza; no logran
imprimir en mi interior su grandeza y su alteza.

La serenidad se agobia con las letras que
revoletean
en giros centrífugos frente al ocaso de la
realidad;
donde un punto en una esfera ríe, canta llora y
flota sobre la fantasía de un romance ilusorio;
sobre las luces concentradas en un encuentro
divisorio;
que sueña, vive y sufre los acontecimientos de
una vida;
sembrado en la distancia de una nostalgia herida;
y adornado finalmente con una ilusión núbil,
etérea, de emociones azules y aéreas.

Soy

Soy una mujer de niebla y luz, ubicada
en la efigie de tu inquietud.

Soy una ola del mar, que
observas distante, sin
poderla alcanzar.

Soy una sombra, una imagen
lejana, una voz que exige y
reclama.

Soy sólo letras que danzan
al compás de tu amor, letras
que te recitan pasión.

Soy la lluvia que te humedece,
el sol que te adolece, la noche
que te oscurece,
y la luna; que te
desnuda.

Sólo tú

Sólo tú, te cuelgas, de
una lágrima, invocando a
los lamentos, y yo te
espero siempre, libre o
penitente, vestida de
amor, o de tormentos,
dadivosa e intermitente.

Solo tú, enciendes las horas,
entrelazadas a mis penas,
cuando opacas las cadenas, que
aprisionan mis demoras.

Sólo tú, encandilas al amor, en
la majestuosidad del alba,
cuando reapareces con tu ardor,
tatuando mi alma.

Solo tú, ensimismas conciertos,
en el navío de los sueños,
llenando   abismos   desiertos,
donde tú, eres mi dueño.

Sólo tú mi amor, eres mi complemento,
aprisionando los azules deseos, eres
mi todo, mi elemento.

Ángeles

Nubes blancas revuelan en el celeste cielo,
plagado de ángeles transparentes.

Espíritus que se manifiestan, sin ser vistos,
sonríen a los niños y a los adultos poseedores
de diáfanas almas.. (Un porcentaje bajo de la
población mundial).

Curiosa le pedí prestada a un ángel ,
su alas puras, para deambular por
algunos minutos, en la ciudad del
cielo, Sión.

Una hilera de ángeles me observa,
vestidos de blanco, con sus
grandes alas níveas...

Un universo soñado

Descubrí un universo soñado.
Donde surgen parejas ficticias y
reales de enamorados.
incurriendo en brillantes,
manifestaciones de amor sensual,
y romanticismo ideal.

Son paisajes de verdes anhelos; la
dimensión de las almas errantes, donde el
amor y las pasiones son constantes.

Nos recreamos en la musicalidad,
en las imágenes y sus letras. La
magia nos besa, la luna es
discreta....

Somos espíritus que cohabitamos con la excelsa,
esplendidez de las formas poéticas.
Nos adherimos a la rima, a la prosa y a la ética.
Transmigramos en las inspiraciones
yuxtapuestas, en el ocaso solar o en la
noche crepuscular.

Concurrimos en reuniones fantasmagóricas,
prodigando besos lunares, y caricias
astrales.
Danzamos etéreos al compás de la imaginación.

Desahogamos nuestras pasiones con
bellas letras de emociones, exaltando el
plateado talento de alegría, con luces,
noches y algarabía.

Descubrí un universo soñado.
Donde surgen parejas ficticias y
reales de enamorados,
incurriendo en brillantes
manifestaciones de amor sensual,
y romanticismo ideal...

Fantasía Navideña

Las fantasías se encienden de más, al
contemplar mi deseo navideño.

¡Regálame tus ardientes desvaríos,
de amante taciturno y crucial!

Regálame tu deleite y palpitar, de
mis ansias locas,
¡Oh papá Noel de los deseos!

La navidad se torna exquisita...
Atavíame con tus obsequios y
déjalos bajo mi árbol navideño,.
que sediento y expectante, sucumbe
ante tu fuego.

Se enciendes los colores del verdor,
Al acercarse tu amorosa energía.
Adornas con virtud y pleitesía, tus
deleitosas y ardientes dádivas en
un regalo; flotante en la cúspide del
amor.

Desintegrada ya la satisfacción,
de la sorpresa navideña; Un beso
enmarca el recuadro, con mis
cabellos sobre tus sueños, y los
suspiros bajo guirnaldas.

Oda a la vida

Luces intermitentes y galaxias de cal, cual
letras consistentes y armonías. Palmeras,
islas, vendaval y paz; inquietud, soledad,
cariños, cesantías.

Oleaje de olas tumultuosas, es la vida
de azarosa trayectoria. Más la calma
de mareas sinuosas, son los logros
besantes de memorias.

Cual madrugadas de sol y brumas,
pasan las noches y los días.
Acompasados de neblina y luna, van
tristezas y alegrías.

Las nubes oscurecen el cielo despejado; la
felicidad se perturba en el ser humano.
Nace otro amanecer embelesado de hados,
en esperanzas resurgidas de las manos.

El arco iris acompaña a la naturaleza, como
aquel amor que resurge de la bondad.
Ilumina el atardecer de colores y nobleza.
apagando depresiones, apatías, oscuridad.

Ondas del océano y sus nubarrones;
es la vida de los hijos de Dios. Hay
rocas, peces, sirenas, tiburones;
realidad, fantasía, maldad, y amor.

Al final del sol, luz de una estrella; se
extasía esta oda de inspiración. Igual
que el alba expandida en centellas; se
despide trasluciendo amor.

A mi papá

Parece mentira, Papá.
Tú siempre, estabas
presente, frente a
toda adversidad,
otorgándome tus consejos con fortaleza, con
ímpetu.
Ya no éstas, te fuiste con Jesús.

Se disipa tu recuerdo, en el laberinto de
mi existencia. Rondas, cual si fueses un
bello sueño de esencia...
Con tus grandes ojos verdes,
similares al espesor del mar.., y
a sus olas recurrentes, surges
de repente.

¡Papá, cuanto quisiera conversar contigo!
En los mágicos instantes de mi niñez,
emerges sonriente, con tu jovialidad y
sentido del humor.

Perdóname Papá, por aquellos momentos, que
no supe demostrarte lo mucho que te amaba. Me
brindaste tu apoyo en mis años de adolescencia,
en la etapa de una rebelde fluorescencia.

Época de incipiente juventud que no supe
apreciar en toda su magnitud.
lo mucho que por mí te preocupabas;
por mi bienestar. y por mi felicidad.

Siempre estarás en mis pensamientos,
y en mis razonamientos… Porque me parece
escuchar tu voz.., cuando nace una
interrogante en mi corazón. Ilustrándome
como siempre, con tus anécdotas…, con tus
historias recurrentes..,

.

¡Hasta siempre, papá!
Mientras viva, nunca te olvidaré,
Porque sé que algún día te veré...
Y también me iré con Dios..., Y
por ende..., contigo.

Frente al espejo

Observo tus actitudes y mi reflejo;
ambos se cohesionan en el querer y

me transmutan en un nuevo ser.
Que a veces ríe, que a veces llora,
que a veces piensa
y a veces calla.;
Transformándome en una muralla;
ubicada detrás del tiempo. Gris
desaliento; son las montañas de mis
tristezas: Me observan tras el reflejo
plateado; irradiaciones de amores
pasados. Sus miradas de
embelesos.., estampan torrenciales
de besos

Mi madre y el cofre de las añoranzas

Mi madre vestida de rosa en su juventud,
desde mi niñez la observo con inquietud. Los
pensamientos rotan filosóficos y crueles; me
sumerjo en el misterio de la vida...

Siento en mi corazón una herida.
Cuando yo sea grande...
¿Como estará mamá?
Camino en el divagar de las emociones tiernas.
¿Quien me detendrá?

Mi mente de niña curiosa y sensible; la
visualiza anciana y mi alma se adolece, de

mis ojos brotan lágrimas de desconsuelo,
mis sentimientos están de duelo.

Los recuerdos se entretejen en los años…
Me desdoblo en el tiempo, y observo a la nenita;
que sumergida medita; en cielos y
razonamientos, impropios de su edad.
Parpadeos de sueños resuenan, y un hada feliz
se asoma; con una cesta repleta de inocencia.

De vestuario vaporoso, danza y reprime sinfonías
de bosques y castillos en efervescencia.
Sigo contemplando a la niña y a su esencia…
Trasiego en el tiempo vestida de transparencia;
agazapando emociones;
vivificando sensaciones.

Para amortiguar el dolor invernal,
del corazón infantil; Mi voz
ineludible recita a la nena, las
siguientes frases:

Niña pequeña sueña, no
divagues solo sueña...
No razones, sólo vuela... Vive
con amor, y ama a tu madre, hoy
dulce abuela.

Niña dulce, siente su amor.

¡No llores, por favor! Los
colores del jardín de soles, te
esperan cual albores. Tu
madre es dulce ternura, de
amor inmenso. Ella será
siempre tu madre, no lo debes
olvidar, y el amor que te
prodiga, es de belleza sin
igual; puro e incondicional.

No divagues niña ingenua, y
es que a ti misma algún día,
los horizontes llegarán. Es la
vida y su misterio, no hay
remedio.

Ni filosofía, ni
razonamiento alguno,
o psicología
El camino del existir es inexorable, niña
adorable.

Lo que es hoy, no será mañana, todo
cambia, todo se transmuta.

La habitación de un tono rosado mágico
me imanta, y me fusiona a la nena… Mi
madre llega.
La niña se sorprende al verla.
¡Cuánto ha cambiado!

Antes que la nena pueda reaccionar, El
hada interviene,
y la lleva a la dimensión de la fantasía, y
de la realidad a reír con alegría, a jugar a
las escondidas, muy cerca de la felicidad.

Se desprenden irradiaciones adorables.
La niña ha despertado, fue solo un
sueño.
Mamá esta tan linda y joven como siempre.
La niña sonríe (tiene solo 5 años).

Y yo me traslado nuevamente de época,
atesorando mis recuerdos y el amor actual,
de mi querida madre; en el cofre de mis
añoranzas.

Noche oscura

"Una reflexión abstracta extraída de la arena del
mar,
de los castillos derrumbados por las olas de los
sentimientos"

Noche oscura, realidades duras,
pesadumbres nulas, apariencias
falsas….
Falsedad se estampa en las penumbras, sólo
el vacío se encumbra.

Noche oscura, palabras vanas,
sentimientos fingidos, elogios
repetidos…, Frases de cera…

Noche oscura, distancia plena.
Alivio fresco.
Paz tranquila y vanidad.
Silencio y visión de la verdad.

Noche oscura, frescura
negra, frialdad
extrema.
Me refugio en la amnesia banal.

Noche oscura, noche negra, decepción
aguda y paciente.
Olvido inminente.
Dolor del mar,
o de una turbia sinceridad.

Los árboles

Los árboles se desnudan. Su
verde vestuario se deshace en
chispas deslumbrantes.

Los árboles se entristecen…
Y sus taciturnas ramas son decoradas;
por la lluvia, con gotas intermitentes;
de la cristalina fuente.

Fuente que reposa en el cielo, junto a los
ángeles nebulares. El frío conmueve y a
las aves enmudece… Sus trinos son
guardados; y secretamente escondidos.

Los árboles son guardianes,
de la verde naturaleza
vigilan en fiel abnegación; a
la tierra y su pureza.

Los árboles sonríen; a sus nuevos y
verdes pensamientos;
que vestirán su cuerpo; de
innovadores razonamientos.

Al cesar la lluvia;
la armonía despliega vivencias;
en cantos y colores;   de
vuelos y transparencias.

Los árboles se despiden; de la época
lluviosa; Abrazando los frutos jugosos…
Abanica sus ramas en sugerente alarde,
exponiendo su nuevo vestuario; A los
sonidos de la tarde.

El cariño de un niño

El cariño de un niño;
El cariño de un niño es tan puro…, ¡Es
tan lindo!
Se desplaza grandemente;
espontáneo y libre de hipocresías;

Con carcajadas de sol de días El
cariño de un niño es tan puro;
¡Es tan lindo!

Abarca sábanas de ternura,
Aún a la mente oscura; Aún
a la mirada triste.
La purifica, volviéndola libre;
transformando un encogido corazón; en
un ave plena de amor.

El cariño de un niño es tan puro;

¡Es tan lindo! Él lo entrega a
borbotones, sin ninguna pizca
de egoísmo; del acaudalado
bosque de
abrazos, sonrisas y besos…

Resplandece el verdor en amores;
donde guarece eterno el hermetismo, y
extiende las ramas la extroversión;
adornada con un fruto juguetón.

La vida real

El cansancio me aplasta,
cual tonelada de metal. Estoy
bajo el peso del stress,
bañada en sal.
Somnolienta bostezo una canción, cubierta
de ilusión.
Y pienso en ti.

Pido auxilio al amor,
que corre detrás de
la realidad. Pido
ayuda al calor, que
se escapa en la
ansiedad.

Leo tus poemas,
provenientes de un
universo mágico.
Escucho tu bella voz disuelta en
el tráfico.

Me sofoca la rutina, los días grises, la
luna opaca con nubes de distancia.
Más me alivian tus letras, calmando
mis ansias.

Amortiguan los golpes invisibles,
infligidos por la vida real. Tus
palabras y tu voz, música
celestial.

Los celos punzan mi corazón....
Quiero decirte adiós. Más tus
recuerdos, humedecen mis
pensamientos.
y la noche risueña me muestra sus
sentimientos.

Pobre borracho

Una historia, a continuación

les relataré, enclaustrada en
las memorias, de un blanco
papel.
La contemplarán a través del prisma, de
mi visión y versar.
Recuerden que es un aneurisma, de
nuestra sociedad mundial….

Érase una vez, un hombre encantador.
Más de pronto, cambió todo. Inteligente,
multifacético y soñador, decidió un día
revolcarse en el lodo.

Nadie sabe porque sucedió,
quizás, fueron los oscuros genes de su padre,
quizás, fue que erró el camino, perdiéndose
en la ignominia, de su maltrecho destino.

La lascivia y el alcohol, lo
condujeron a lo peor.
Sus neuronas se agotaron, prisioneras, de
tantas despilfarros y borracheras.

Preso del estupor, de tanto ingerir
licor, a una era intergaláctica y
distante; su intelecto se mudó.

En la prehistoria oscilante, el delirium
tremens es su baile de boga, para él será
siempre su melodía de moda.

Escucha sonidos de mundos patéticos. La
enferma parranda se enciende y levanta, en
voces, y ecos de orquestas sin léxico.

Desviado infeliz camina sin rumbo, en
grupos de zombies ambulantes. Se cae
por siempre en la orilla del mundo, se
enaltece su estado delirante.

Detestable, violento y soez, es su
apariencia y dejadez. Piensa que es
brillante y locuaz, y sólo muestra
impertinencia de más.

Es su enfoque estrecho, de
raciocinio deshecho, Vuelve
trizas a sus parientes.
¡Vil demente!
La violencia lo alienta, su aliento es un bar,
cavernícola actual, de apariencia letal…

Su comportamiento un día lo condujo
a la mas baja estimación. Un grupo
de hombres, sin compasión,
cobraron su deuda.
Y en una eterna aflicción de heridas,
sin una explicación, lisiado lo
dejaron de por vida.
¡Pobre borracho!

Consecuencias del alcoholismo

Versos convexos nacen
de la verdad…
El alcohólico… Se cae
en abismos, lo ignoran
las personas.
Se desintegra su familia, se
agotan sus neuronas.

Hace el ridículo, es el
bufón de la calle.
Encerrado en su mente,
danza el delirium tremens.

El hígado se atrofia, la
sangre se contamina.
Los pies le duelen, ya
casi no camina. La gota
lo agota, le duele hasta
el alma. La visión se
duplica,
no distingue ni a su sombra…

Aviso noticioso:

alcohólicos buscan ayuda en
Alcohólicos anónimos. Y recuperan
su vida, ya en huída. Vencieron a la
enfermedad y el horizonte se
amplió. Sanaron, y su cuerpo fue
limpiado, por la abstinencia del
veneno mortal.

El indigente

Mis zapatos me miran; con la boca
abierta me piden comida.
Mi ropa está cansada de mi cuerpo maltrecho. De
tanto querer huir, se rompió su alma de vidrio,
que deshace y deshace los añicos en cristales de
su hambre indomable, inmutable.

Está bien ser indigente, pero el aseo es otra
cosa; don de gente. Me baño con el jabón
espumoso de un río sin plata.
¡Me baño con la lejía natural de un mar con
bolsillos vacíos!

En mi estómago un león habita.
Noto que cada día, su rugir es
más fiero. Tendré que darle
consuelo, aunque sea con los

desperdicios asquerosos de un
cielo descosido.

Mi alma limosnea sin quererlo; centavos que caen
y sus patitas nacen, cual alambres de púas;
enterrados en mi precaria piel. Reviso cada tinaco
de esperanza, y sólo encuentro despojos de
sueños extinguidos.
Con ellos alimento a la fiera que me condena.

Todo es igual, vivir o morir.
Todo tiene la misma simetría, todo me da igual.
Por eso no me importará sucumbir, en este
universo alterno;
que me clava su mirada de acero a la vez que me
acaricia
un huracán de lástimas pasajero; que por
casualidad osó pasar frente a un punto
esférico
e insignificante, pero grande y dispuesto a
defenderse de cuanto animal salvaje lo
ataque.

Ya anochece…
Y acostado en una cama de periódicos
chismosos; acomodo cada tramo de vagancia y
desánimo. Arropado con la sábana del frío,
ingiero el último brebaje

de esta historia repetitiva y suelta; que
constante y cerca, encuadra cada fílmico
trance de vida disoluta.

Dejar de fumar

Deseos reprimidos...
Pensamientos del futuro.
Realidades de piedra, asfalto y tierra.
Desintoxicación. Salud,
dolor de cabeza,
confusión.

Deseos reprimidos. Vicio consumado o
abstinencia total, vida o terminal. Giros
de esferas, música y espera.
Lo arraigado desespera.

Las verdades desenmascaran al villano.
Cero placer, cero relax.
¡Vicio, vicio, vicio!
La sangre y el jabón de oxígeno puro, profilaxis
corporal interna y externa.
Sensaciones de humo sin humo...

Los días asean la vida, los
días son éxitos y vencidas.

Dios apoya. Deseos
que vuelven, deseos
que se van.

Amor propio en altas y bajas,
vida sin humo, sin peligro,
sin artificios.
ya no me denigro, con
este vicio.

Poema loco de bus

Nota: "Estos buses ya fueron erradicados del
país, es un poema de una problemática del
pasado, un mal recuerdo"

Guarda tu trompa, elefante.
¡Aleja tus esferas vacías al instante!
En este autobús, se ve y se siente de todo…
Un ratón me hala el cabello,
él se cree muy coqueto, siendo
cero discreto.
De un sólo empujón, lo disparato a la pared.

La locura me observa, tiene cara de enferma, sus
ojos buscan mis ojos... Y yo, la ignoro.

Otros ojos flotantes y rojos están a mi lado.
Y unas manos invisibles toman las mías.
Su mirada esta fija en mí, y disimulo a mil;
ya no demora el bus en llegar, ¡Y presto!
me bajaré.

Llego a casa.
Descanso, duermo, ya amanece, me dirijo a la
parada.
¡Y para el bus demente!
Tengo que repasar! Me dirijo a la universidad.
Repaso las copias, y me escapo de la realidad,
navego en letras y conceptos, quiero ganar mi A.

Drogadicción

De lenguaje incoherente cambia de
color como un camaleón. A veces la
ira esta encendida, y la risa en la
cornisa.

Cuelga sus deberes, en vicios
y mundanos placeres.
Al colegio ya no va.
Su interés por aprender,
se deslizó hacia laberintos dormidos.
El sano esparcimiento, se suprimió en
desviaciones y caminos intrincados.

Los conflictos se inflan en la familia,
y el causante sigue en la barandilla.
Sus ojos son dos flamas rojas, su
apetito se descontrola.

Lentes oscuros y presentes, su alma vaga
en espacios dormidos. De risas de más,
se inunda el firmamento; miente y roba a
cada instante.

El aseo escasea, ya no importa el aspecto.
¡No hablen de drogas, el no tiene paciencia!
Y cada vez que punzan su realidad, no
acepta que lo ofendan.

Su cara no tiene rostro, monótono
el paisaje de su voz.
No sabe donde está.
¿Será el sol? ¿Será la luna?
Despiste en su reloj mental. Lo
deprime el arco iris de la noche, y
la luna luce extraña en el día.

El suicido es un hecho liberador...
¡Traspasa el muro! clama un lóbrego
pensamiento. Los temores lo asedian,
y las sombras lo secuestran. De
apariencia atontada y somnolienta;
tiembla, y sus temblores, se refugian

en las frases que se atropellan en las
náuseas, del silencio excesivo.

Un ente extraño de color de vicios lo observa…
¡No mires aquel fantasma!
Grita una voz salvadora. La mano redentora,
lo lleva hacia la solución de su problema. Es
la mano poderosa de nuestro señor Jesús.

En lapsos de raciocinio, acepta la ayuda, de
centros especiales. Su mente ha sido
abierta; y sus aposentos sucios, limpiados.
La fuerza de voluntad es una montaña de fe,
que germina desde la altura.

El olvido del tiempo

El tiempo deleitoso y el raudo galopar de las
horas.
El gorjeo de los minutos, y el suspirar de los
segundos; vertiginosa carrera de
los sueños.
Sonríe el tiempo al escurrirse entre los años.
¡Cuánto pesan sus piedras preciosas!
¡Cuánto lloran sus etapas!

La niñez se endulza con el dulce de los besos, y
el candor de una sonrisa.
La adolescencia se confunde;
Al mirarse a la traslúcida fuente de los deseos.
¡Son tantas las peticiones embadurnadas de
oropel!
Y las interrogantes por descubrir; detrás de
las conquistas de las experiencias.

Surca el tiempo la barrera de la insigne vida.
Traspasan las dimensiones y nunca olvida. El
romance nos observa y con su influencia
lunática;
nos narcotiza de amor, de celos, y de odio; de
ilusión de alegría y de todas las pasiones;
que perfuman al ser humano; con
el clima del reloj temporáneo.

La noche y el repicar de la respiración del tiempo;
esperan con regocijo el alba de los luceros
cimbreantes. que se amoldan a las
edades de las almas, sobre la
impulsividad metafórica; cabalgando en la
eterna juventud.

Prosigue el lento y a la vez rápido caminar del
tiempo;
se escurren los deseos entre el dolor del mar, y
el placer del sol. Alucinan los hechos alrededor.
Un estallido de realidad deja entrever a la

subjetividad, que presurosa se esconde entre la
neblina, escribiendo versos y garabatos de
amor… Renacen las alegrías; resurgen los
motivos, sobre el tambaleo sincrónico del
regocijo de las horas;
que paulatinas, se estremecen junto a las letras…
Por siempre; en el olvido del tiempo.

Telegrama de amor

Hombre amado;
Te necesito sobre el manto estrellado de
mis noches tristes.
Necesito tus palabras de comprensión, que
esclarezcan mi adolorido corazón.

El consuelo se prolonga, sobre
la esencia del amor. Te
necesito, con premura, para
que extingas la amargura...

Fuiste

La vida se encumbra luminosa
Otras luces iluminan la faz en
la atmósfera de mi realidad.

Fuiste oropel resplandeciente en la oscuridad
de mis noches tristes. Fuiste un sol ficticio;
una mentira disfrazada de verdad...

La nada

Se esfuma, se difumina en la nada...
¡si! aún enciende las horas, que en
llamaradas, me rodea...

Pero...
nos esfumamos, nos
difuminamos nos
alejamos...

Y no lo podemos evitar, es
la lógica de la vida, que
forma esta herida.

Es la razón, sin vendas en el
corazón. Es la verdad, que
nos abofetea sin piedad.

O eres tú, que recapacita detrás
de la cortina de las apariencias.
O soy yo,
que colocó, impedimentos, a
los sentimientos.

No importa que sea, pero esta
haciendo su labor, en la
destrucción del amor....
conformando finalmente; las
realidades, los disfraces, con
máscaras en vívidos enlaces...

La bondad y la maldad

"Soy buena a las buenas.
Mala a las malas. Si se me
acusa de algo malo, y se me
ofende sin pruebas; Aún
peor, me torno colérica.
Y defiendo mi punto de vista, frenética."

La bondad arropa el alma y el actuar,
con rosas y aguas cristalinas de paz.
Energías positivas respiro, en el
aura circundante de la amistad.
Razono y luego suspiro, los múltiples
mensajes del mar.

La maldad y la envidia se ahogan
en la atmósfera, hilvanan
senderos de negatividad. Camino
e indago la geosfera, captando
sentimientos de inseguridad.

Son de almas enfermas, que
navegan en impiedad, surcando
motivos para desahogar su
iniquidad.

Les respondo sus incoherencias,
naufragando en sus desvaríos,
escribo y escribo y luego me río, en
letras lejanas, y demencias...

¡Oh queridos vates!
De nuevo sonrío. Me
causa gracia la orate, y
su total extravío.

Estampo mi sonrisa, al
final de la brisa.

Y marco el patético auspicio, a
esta loca de hospicio.

¿Por qué?

¿Por qué ya no te importan mis lágrimas?
¿Por qué eres tan frío?
¿Por qué has cambiado tanto?
¿A que se debe tu tardanza?

¿Dónde estás?
¿Con quien estás?
¿Quién es más importante para ti, que
tus hijos y yo?

Son las doce de la noche, y no has llegado...
¿Porqué me angustias tanto?

¿Por qué infringes dolor, en vez de amor?
¿Por qué ya no me amas?
¿Por qué? .....

El amor fallecido

Al contemplar el amor fallecido detrás
de la cortina del tiempo La lluvia
denota melancolía y nostalgia,
humedeciendo los recuerdos Con
lágrimas de la naturaleza, y vestigios
de aquel intenso amor.

Las notas musicales muestran el esplendor
juvenil.
Observo mis amores pasados, me enlazan
Y el frío me abraza… Mientras las voces
varoniles provenientes de otras épocas de
esplendor. me deleitan con mil te quieres e
ilusión.

Un chico adolescente, me mira con
sus bellos y tristes ojos color cielo
incandescente;
Me duele el corazón, al vislumbrar
sus notorias lágrimas, mientras le
digo adiós.

Con mi testarudez rechacé el
amor sublime de Eros. Por tontos
celos, Por inmadurez.

Aun lo recuerdo, y me pregunto:
¿Que fue de él?
Hacia donde se dirigió la infinita ternura, que
lo caracterizaba,

La cual hora tras hora me obsequiaba.
¿Será feliz?
Le pido a Dios que si.

Las añoranzas se detienen, y observo a otro
muchacho,
el que estacionó su amor, en mi amor… La playa
observa el romance, y la arena dispersa Su
magia, escribo mi nombre en el espejo del
tiempo,
Mientras él hace lo mismo.
Se expande el abismo….
Los besos nos envuelven en la vorágine de
los sueños realizados. ¡Cuan feliz soy! A
pesar de todo…
¡Cuanto lo he amado!

Me detengo y estampo en un óleo angelical estas
imágenes
Para percibir sus colores,
de lejanos amores…

No deseo trasladarme más en las dimensiones
románticas,
Aquí me estaciono, para no sufrir más,
Para no percibir el dolor del amor fallecido. Mi
alma romántica agoniza, pero perseveraré en
la continuidad del amor... En su maravillosa

esencia, a través de mis letras…. Y de mi
corazón soñador.

Éxtasis Lunar

Sobre un astro un beso de embeleso flota.
¡Asirme al obsequio de sus labios perfectos!
Es la máxima culminación de la fascinación.
Más, pisé en falso y me precipité al cruel abismo
de la desolación.

El amor eternamente danza
en el universo de la fantasía y de la realidad,
cubre con sus fulgores a las azules esperanzas,
dejando una estela de algarabía y felicidad!...

Llegaste y te contemplé por medio de la noche en
un claro de luz solar.
Naciste y resurgiste de mis sueños de niña,
de adolescente y de mujer, en un prodigio de
éxtasis lunar.

El protagonista de un cuento de hadas,
¡Hombre dorado y errante del pasado!
Habitante de una quimera imaginaria y
romántica emergida de los siglos.
!Estabas vivo y tangible!

¡Hombre adorado y bello! ¡Te envuelvo en
La seda de mis largos cabellos! Y te
deleito en la fragancia del perfume, de
mis versos de azahar...
En ésta noche mágica de éxtasis lunar.

La luna esparce con sus manos las estrellas
Colgadas de un sueño, las lanza y se anidan En
las copas de los árboles de cuyos frutos...
¡Eres el dueño!

¡Surges de la magia de una noche enamorada!
De unos versos sueltos en anhelo, que traviesos
e indiscretos surcaron el cielo, atrapando el eco
de tu voz, la luz de tu sonrisa ¡Y el amor de tu
mirada!

Valores atesorados secretamente, reposan en
la brisa silenciosa del recuerdo de un adiós.
Sucumbe el sol y su claridad lunar…
Tu rostro se vislumbra a través de la oscuridad,
en la lluvia de mis ojos.

El dolor guardado en el alma se dispersa en las
calles , y una gota de aflicción cae sin previo
aviso.
Son mis lágrimas gemelas discernidas en el mar
de su ausencia; que me ahogan en el hechizo de
su existencia.

Un arco iris nocturnal arropado de notas
Instrumentales,
cae al pasto verde de los ensueños, Trazando
al destino con una melodía medieval, que se
acopla perfectamente al éxtasis lunar. Trae: el
Sollozo incontenible de dos luceros
¡Que yacen desmayados en un húmedo desvelo!

Lloran los sentimientos. Y
la inspiración desnuda
se despide de la luna, aspirando por última vez
un sutil lamento de flores marchitas; dejadas
por su imagen; en la neblina del olvido y del
oleaje.

El tiempo transcurre, y en su recorrido habitual,
las flores recobran su color y frescura normal.
Sus pétalos de vida recogen en amores, la
lejanía de un cuento antiguo, ya sin temores.

Conservo en la actualidad, impreso
en un pergamino de sinceridad; La
añoranza y el aroma de un ser real, y
a la vez irreal,
Que trascendió el firmamento, cual
destello fugaz.

Hechizo indeciso

Risas, gatos, miel y calabazas noche de
brujas, fiestas en las casas. Resuena mi
blanco hechizo en brasas, sobre fuego,
recetas y emociones crasas.

En esta noche de brujas, vestida
con un bikini negro, agudizaré
mi arte y sortilegio.
Con un encantamiento de blanca magia,
te veré besar el suelo que piso. Te veré
arrastrar tu amor a mis pies, te
recogeré con mi negro desdén.
Arrodillado estarás, sobre un lapso de tiempo,
y cuando se esfume el rosado efecto, te
lanzaré a un fugaz infierno.

Los elementos del tazón mágico son
los siguientes:
Una taza de amor desmedido. Una
pizca de azul picardía, más una
cucharada de coquetería.

Todo esto añadido, agregaré
lo siguiente:

Un rosado beso cubierto de seducción,

Y un abrazo tierno de ternura infinita,
Una chispa de fiebre con pasión, y
una partícula de nostalgia bendita.

Y el toque genial;
una gran cantidad de ruegos,
revuelta con mucho fuego…

Un estruendo medieval se escucha…
Misticismo y mágica atmósfera. La
inquisición de tu corazón, me quema
con ardor.

Aún así continúo, plena de fantasía,
el efecto es lo que me interesa, y
degusto febril unas fresas,
mientras continúo con la brujería.

Despreocupada y maligna, añado al
tazón una fracción de rebelión,
pues pensándolo mejor, no
me gusta la sumisión.

Mis secretas pretensiones

Entre mis secretas pretensiones,
Flotan escondidas aseveraciones, que
se desglosan de sus prisiones.

Palidece una palpitante canción,
y se destacan lacónicos deseos en…

Destruir los malos momentos, que
a nuestro amor empañaron,
ensortijando a la sutil brisa
envuelta en nubarrones.

Suavizar a las afrentas enclaustradas, del
ayer, con el perdón.

Diseñar en el espacio de tus ideas,
bañada en sensaciones, conceptos que
se ajusten a mis deseos.

Rebozar en la abstracción del anochecer
de mis pensamientos por ti; naufragando
en una blanca ilusión.

Que supieras, que ya dejé de amarte.
Para que luego retomaras el control, de
la lucha por mi corazón.

Observarte, en aquel
espacio dimensional, donde
ya no estoy a tu lado.

¿Por qué emerge el invierno de tu cristalina
mirada?
¡Veo los cristales de dolor que emergidos, de
tus ojos, y transformados en diamantes,
apaciguan las huellas del rencor!

En la constelada noche, flota la amarilla luna.
Brilla con nuevos bríos, y su esencia, colma
el vacío…
Ya estoy pronta a perdonarte, en
la paz del amor.

Respuesta a un poeta del atardecer

Yo, musa inclemente que adolece tu alma de
poeta enamorado.
Yo, hacedora de flotantes y aletargadas coplas
yuxtapuestas.
Poetisa ensimismada en un portal mágico y
apasionado.
Rimadora de sueños y promesas rotas de tus
versos, en las puertas de tu adiós y de tu
olvido. Mis lágrimas desdoblan a los

desalmados espacios, en zigzags de dolores
y vacíos.

Me preguntas sobre el destino…
El destino posee secretos agravios, y caminos
errados.
Crueles encomiendas; fuerza letal que te desvía
del amor,
cerca del abismo donde el alma se destruye,
socavando inquietudes y dulces melancolías.

Mi alma, ¡Oh taciturno poeta del atardecer! Es
inmensamente frágil, hecha de espejos,
sueños y fantasías,
donde tus versos aprisiono resguardados de las
alas del tiempo
y en las hojas caídas de mis abstracciones y
tristezas;
donde cada rima surgida del amor, enreda el
silencio
en las inspiraciones intermitentes de los siglos del
romance.

El ángel y la ninfa

Un cuento poético aparece de incógnito;
rescatado de los sueños de un ángel soñador.
No es la intención celestial ni propósito, sólo
el azul que enloquece al amor.

Su fulgor encandila a los ojos mortales,
que retraen su mirada, ante tal resplandor.
Es el romance pintado en raudales, que
encienden el cielo cual lluvia de sol.

La ninfa lo inspira y mueve sus alas; lo
mira y lo besa con besos de luz. Le
entrega sus versos dotados de galas,
con liras y llantos en frugal inquietud.

Centelleos de tul enarbolan su imagen;
ella flota en la brisa del adiós. El
desgarra su alma indomable; del ciclo
de musas sin corazón.

Resurgen los áridos pensamientos;
nómadas en tierras de desilusión. Una
lágrima cristaliza los sufrimientos,
cerca de la aureola de la pasión.

La ninfa sonríe y prodiga poesías; el
ángel la recibe con nubes y miel.
Mueven sus alas en total pleitesía;
ambos se versan con rimas y piel.

Más una sombra se filtra de pronto, con
oscura y siniestra intención. Es el vil celos
que aparece cual monstruo; haciendo su
cruda y maligna actuación.

Acude al manantial de los sentimientos donde
la ninfa y el ángel solían beber. Y esparce en
sus aguas dudas y sufrimientos; tiñendo de
negro su dulce querer.

Ella lo acusa de escribir a otras; de
obsequiar sus sueños, delirios y prosa. El
lo niega todo, más las evidencias lo
acusan… Se revuelca en el lodo.
El ángel la besa con versos y luz. La
ninfa se lamenta de ser una ilusa;
pintando sus galas con dulce inquietud.

Controversia

Una emoción indescriptible me invadió
al escuchar tu dulce voz,
Miles de gotas de colores se esparcieron en
el universo.

Amor de ensueños, alegras mi vida, se
sanan las heridas.
Y se encienden las luces de los sentimientos.
apagándose por siempre los lamentos.

La distancia resuena, de
Isla a territorio. Las olas
vuelan, y te alcanzan Juan
Tenorio.

El romanticismo me invade, y el sentido
del humor se esparce. Amor virtual
mágico eres especial para mí.
resplandece un rubí; impreso en mi
corazón.

Es tu alma que me embriaga,
cual fiestas y fulgor. Me
reporto a tu harem virtual...
Hola, mi amor,
Las risas se cristalizan.
Más en momentos me amargan.

Es el amor que me hipnotiza,
entre sueños y pesadillas.
Caminando en liras sueltas cual
fantasías dispersas;

Se enredan hilos plateados

en controversias y hados. sobre
corduras y demencias. de un
corazón enamorado...

Tus letras están conmigo

Amigo, tus letras están conmigo
viajaron desde el otro continente a
reposar en mi mundo real.

Caballero gentil y pasional tus
libros están conmigo, con sus
acariciadoras palabras y voz
masculina angelical.

Hablas en verso y en prosa, parlas
desde tu libro, de romances y
muchas rosas.

Caballero gentil de España,
muestras amor doloroso,
sentimiento airoso, luchas y
sueños de hazañas.

Erotismo y ternura refinado imán,
olas y verdes orlas. Caballero

poeta apasionado; sentimientos
desbordas.

La vida y su dolor,
con sus femeninas formas marinas,
las sirenas a tu alrededor, tu arte
las apacigua.

Lastimado corazón de hombre tus
luces, tus sombras, tu cielo
omnipresentes en cada destello.

Regocijado corazón de hombre, tus
versos palpitan cada vez que los leo, tus
letras laten en cada lectura y deseo.

Caracol vacío

Encerrada ésta la brisa en el caracol vacío.
Donde antes hubo vida. Ahora hay sólo hastío.
Donde participaba el sol, el mar y la arena,
Hoy sólo reposa, la noche silente y serena.

Caracol vacío, dentro de ti, las alegrías
enmudecieron y en alegorías se convirtieron. Las

lágrimas de llanto de risas y sed de sueños;
disfrazaron tus fallidos colores.

El mar inmenso se marea...
Caracol vacío. Reposas en mi jardín, indiferente,
cual soñador navío. Soñador y presente, la
tristeza y la quietud te rodea.

Fuiste, claridad, bullicio y sol.
Hoy sólo eres quietud en derredor.
Fuiste morada viviente.
Hoy sólo eres testigo inerte.

Me despido de ti, triste caracol vacío.
No sé si mañana, me asomaré a verte...
La tierra, el verdor y las flores, te
acompañaran para siempre; ¡Como
eternos amores!

Amigas y rivales

Las mentiras se diversifican en diversos tonos:
las mentiras blancas, las mentiras
transparentes…
Durante todos los segundos de nuestro transitar.
¿Se podrá atar a la sinceridad en la cumbre de
una farsa que regurgita apariencias?

Podemos caer en abismos diferenciales,
y no adaptar las figuras en el
rompecabezas de la vida. Piedras,
choques, sal y torrenciales,
preocupaciones y amarguras, se
precipitan en la huida.

¿Se podrá jugar con la verdad, mientras la
mentira sonríe burlesca? Se alternan las
dos, amigas y rivales; contrarias, bien
intencionadas o siniestras, ambas pueden
vestirse de crudeza, y también; de
frambuesas.

Monólogo del ego

"Yo soy, yo estoy, yo existo y aquí voy" Tu
eres, tú estás, tu existes y allá vas.

El criterio está encerrado, quiere
salir de su tinglado.

La razón esta alerta, mira a
todos, muy despierta...

"Cada ser tiene su mundo particular" La
opinión se viste de juglar.

Las experiencias pensativas, se
aglomeran en las sillas.

Las vivencias de las letras, se
pasean en cometas.

Una bola de indulgencia, se
enciende con demencia.

Un ápice de tolerancia, se
extingue en la arrogancia.

Una voz lisonjera,
queda sola con la espera. Ve la
cara de su prójimo, y se
sorprende ante lo próximo.

La hormiguita del olvido

Soy una hormiguita pequeñita, perdida
en el laberinto de tu olvido.
Soy nada, soy el vacío.

La lejanía mide la estatura de mi esencia hacia ti.
Soy un espíritu núbil sin materia.

Las letras se las lleva el aire.
Sueltas, se dispersan en el excedente de tus
horas.
Y se arraigan en la necedad de éste imposible y
fugaz amor..,

Que fue concebido en el nido de un poema,
emergido de los sentimientos de mi corazón.

Prismas

El vidrio se deshace en conocimientos.
La brisa se acopla a los lamentos.

Lágrimas que discurren. Monotonías
que se apagan,
en el palpitar de los sonidos…

Conciencias captadas en derredor, se
opacan en estertores de desengaños
continuos.

Prismas opacos amenazantes;
visiones delirantes, encendidas
en espirales.

Éxtasis de placeres;
amores contrastantes…

Los niños indigentes

Ver el hambre de los niños indigentes,
es dolorosa escena, muchos niños del
mundo; sufren esta horrible pena.

¿Qué mal hicieron?
¿Porqué tanto castigo?

El hambre a esos niños acecha,
niños de la calle, vil pobreza. El
hambre se cierne aguda, y
maltrata sin ternuras.

Estómagos de niños gruñen,
y el basurero los surte.
Lágrimas y desconsuelo, los
cubren de duelo.

¿Y sus madres, dónde están?

Los abandonaron...
Nunca los amaron. ¿Y
sus padres?
"En el olvido" me
responde uno de ellos;
con la sonrisa ahogada y
el frío en su tez.

¡El cielo castigará, tanta
iniquidad!

Niños queridos,
angelitos del cielo. Sus
vidas son vanas,
existencias insanas.

Tiembla su ser...
Inocencias truncadas,
golpes en su piel, impiedad
consumada.
Sin amor, cruel temor.

Intento de suicidio...
¡Niño! ¿Por qué? La
vida es un suplicio,
me responde él.

Los niños de la calle

Con una historia de la vida real. mis
rimas hoy se manifestaran.
Mezclada en orlas de criterio propio;
érase una vez un niño que tenía tres
hermanitos...

La inocencia enternecedora se derrama en las
calles,
la cruenta y avasalladora vida oscurece estos
lares.

Cual apariciones dantescas;
observo imágenes de tres niños
deambulando con harapos, con
amor en vestigios y trapos.

Niños con vientres hinchados;
mendigando el pan del vivir. La
vida se les escapa sin sentir.
Desconocen las diversiones, propias de su edad;
golpes en sus cuerpos, se tiñen sin piedad.

Una Madre impía, una madre sin amor, es
la precursora de estas vidas de dolor.
Una Madre que abandonó a sus hijos sin razón.
Una Madre que no merece ser adorada.
El infierno será poca aflicción, por su
vida disipada.

El cabaret la espera,
y sonríe feliz.
Su corazón es de cera, y
su cuerpo un desliz.

Sus hijos la lloran, y su
indiferencia aflora…
Pequeñitos necesitados
de su armonía, ¡Gritan
inconsolables! Y ella,
vestida de celosía, se
marcha inexorable.

Duele el mundo, lastima el
escenario. Me escapo de este
rumbo, y aprieto mi escapulario.
Calcinante se estampa el daño....
y fallecen los días.

Niños inocentes; el camino se despeja.
Dios los acompaña, y Jesús los alienta,
Las almas se compungen… Las
lágrimas emanan;
los años se deslizan…

Al transcurrir el tiempo; un fingido
arrepentimiento de fantasía; se exalta en
aquella madre sin sentimientos, busca a sus

hijos con lloros y lamentos. y éstos las rechazan.

Más una fuerza espiritual los alienta;   el amor inconmensurable de Dios.
¡Saldrán avante con pasos hacia el futuro!
Hacia un universo de amor sin desvelos.
Sanan los versos y desconsuelos. Hoy día aquellos niños, hoy hombres los amaina un trauma.
Más la divinidad de Jehová los abriga, los alienta, y los libra… Dios los bendiga.

Eternidad

El enigma que te aislaba en aquella burbuja lejana, te atrapó, eternizando la pared de la distancia. Me sumerjo en el fresco manantial del olvido, consolándome en la tristeza de tus melódicas frases. del ayer, de las horas y del vacío del mundo.

La sinceridad se esfumó paulatina y lentamente, quedando una bruma nebulosa y asfixiante. La nostalgia musical despierta a los suspiros, en este estático amanecer sin ti, sin tu amor.

Te visité cada noche, en cada sueño fantástico,
En cada nube poética de celestes inspiraciones.
Ambos nos fundimos etéreamente en la lava, del
fuego inclemente de nuestros encuentros.

Frialdad calmada

Helada estoy más allá del frío,
sueños, odios, amor y hastío.
Frialdad calmada, hielo, hiel, eriza
cada poro de mi piel.

Inhalo a la nieve y exhalo el calor;
nadie, nunca más herirá el corazón.
Me atosigo de lluvia intermitente, la
bebo mezclada y paciente.

Me mudaré al hierático polo norte; es
mi elemento, y haré deportes;
Jugando con bolas de ideas y nieves,
sesgaré cada pasión y despliegue.

Mi iglú

Un iglú es mi dulce hogar; me
refugio del solar. Salen los
temores derretidos, estallan los
rumores guarecidos.

Me abrazo en sus congelados brazos, me
lío en la penitencia de sus lazos.

¡Oh iglú azul de esférico mundo,
resguárdame en tu cúpula de cristal! Exánime
en un témpano de sueño, levito sobre el
céfiro de la maldad.

Bola de nieve

Soy una bola de nieve,
que rueda y rueda.
Llego a un alto, y me
disemino.

Escarcha congelada soy,
parte del suelo formo.
Adherida a mi entorno, miro
y miro y luego voy.

Nieve esparcida, escarcha
refrigerada, hielo sólido o
agua congelada. Lo mismo de
siempre; templada e inerte.

Hoja invernal

Una gélida brisa me mece,
soy una hoja del invierno.
Subo y bajo en la frialdad, me
congelo de impiedad.

Un trozo de hielo me congela
la hipotermia se desvela; el
frío de los sueños me hiela.

Agua fría

Me estoy descongelando,
ahora soy agua fría. Afuera
sigue nevando, sobre mis
penas y alegrías.

No pienso, no sueño y divago;
llueven pensamientos en vano.
Aglutinan los espacios pequeños, en
la lluvia diseminando sueños.

Romántica virtual

Bañada de naturaleza me traslado en el infinito
del sol, del mar, de la plenitud
de un nuevo día.
Cubierta de atmósfera y luz, me deslizo entre los
átomos de una inspiración escondida, emergida
de un poeta del ayer.

Me complemento con los elementos del universo
formando parte esencial de él, y me expando
feliz, triste, preocupada, soñadora.
Bailo sobre una nube, sobre la tierra, y sobre el
mar. Canto una melodía reciclada, aquella
melodía que deseché en el pasado, la cual
adquiere hoy un motivo.

Soy sensualidad, frialdad, pasión, quietud, luz de
inquietud,
pétalos de ternuras disueltos en la brisa de los
pensamientos.

Soy también una etérea transparencia que viaja a
gran velocidad, aterrizando dulcemente en unos
brazos.
Intensidad, éxtasis, paz, armonía rotando
alrededor de mi transparente fisonomía,
fundiéndose en la recóndita inmensidad de las
horas.

Cuernos

Cuernos de alce; cuernos
de ciervo. Cubiertos de
esmalte, con ambos me
enervo.

Cuernos de antílope;
cuernos de venado.
Paciencia limítrofe, de
argucias del hado.

Odio y rencor,
venganza de más, de
cuernos y furor,
complace la faz.

El amante y el esposo

El amante se esconde,
el esposo lo encuentra.
La ira se va al monte, y
el venado la revienta.

La esposa mira y disimula,
cubre huellas de traición.
Cuernos salen de la gula, de
la piel y el corazón.

Preámbulo del pesimista

Estos son los pensamientos de un pesimista que
naufraga en el infierno de su odio.
¿Justificado o injustificado?
Sólo lo sabe Dios; quizás
si, quizás no.

Entretejamos a las amarillas abstracciones
de este locuaz protagonista; que pisa
escabrosos razonamientos, y grises
sensaciones de tormentos; bebiendo
confusos conceptos, que lo harán vomitar

todas sus prisiones internas y
subalternas…

El Pesimista

Una cúpula de cristal será mi refugio;
prefiero la soledad, a vivir en este mundo.
Será mi prisión circunspecta; mi reclusión
perfecta.
Quizás otro remedio pueda resurgir;
punteando inhibiciones, palpitando
depresiones, de aniquilación y la
nada.
en el ir y venir…

El sol es abrasador.
Clima insoportable que subleva a la frescura.
¡Indignante horno que me ahoga sin mesura!
Vil atmósfera de fuego, compañera
inseparable de mis ruegos,
y mis frustraciones; sordomuda
de mis oraciones.

Las horas corren despavoridas, los
minutos huyen en premura,
y los segundos pausan las heridas…

Jaurías y   manadas,
bandadas de infelices.

Tumultos de personas,
y estúpidas perdices.

Deambulan, cual plagas irrisorias, balbuceando
sus holográmicas historias, al aire
circunspecto, contaminado y abyecto.

Mi piel esta pintada con hiel.
Mi epidermis, el calor catequiza. El
calor se fusiona a la amargura, me
quema en donosura. El derredor se
estanca sin postura….
Mimetismo total…

Las lóbregas nubes, cargadas de acidez,
muestran su inminente furor. Se escucha
el estruendoso clamor, de un rayo
regurgitando difamaciones; en pesadas
y pavorosas letras; hijas de mis
emociones.

Ostentosa, y crucial cual veleta, una
tormenta de odio se acerca. El cóncavo
pesar, predice alucinaciones, en
estratagemas de efervescencia… Bullen
mis dilemas; cual deprimentes mazmorras de
indulgencia.

Una cúpula de cristal será mi refugio.
Prefiero la soledad, a vivir en este mundo.

Será mi prisión circunspecta.
Mi reclusión perfecta.
O quizás otro remedio pueda resurgir;
punteando inhibiciones, palpitando
depresiones, de aniquilación y la
nada.
en el ir y venir…

El optimista

La excelencia es mi atuendo… Enaltecido
estoy con los años
de venturas diamantinas y reciprocas sonrisas…

La fe es el trofeo guardado y
mostrado.
Sentimiento que de continuo, llueve intermitente;
sobre mi alma; sobre mi ser.

Sol que deslumbrante iluminas mis positivos días
en fructíferas alegrías. Gracias por la felicidad;
que es mi mejor amiga.

La paz es la verdad que
ciñe a mi personalidad.

¡Céfiro mañanero!
Inhalas a la frescura de la fe y la prosperidad;
con gentío proyectando luces e interés, de
tráficos que ostentan el desfile de mis logros y
mis sueños promisorios.

La tristeza no existe.
Dios es mi sol. Y si una
sombra persiste, me
baño con su amor.

Millares de aromas percibo;
perfumes dispersos en el ambiente pacifista de
Jesús.
Por la esperanza me decido, ella
es mi plenitud.

Sobre el valle de los poemas con una sonrisa me
despido en este rol. aquí está mi lema: Se
positivo y a nada temas: sólo a Dios.

Palabras de un escrito

Un escrito vestido de cilicio,
se postro ante el firmamento;

a solicitar por un momento el
premio por su esfuerzo.

Esta fueron sus palabras:

Me muestro ante ti, cielo constelado,
modelando un vestido sencillo.. Quiero
entonces que en un momento dado,
adornes mi traje sin brillo.

Otórgame algunas de tus estrellas,
para lucir más interesante.
Quiero ser la más bella, y
la más deslumbrante.

Mira mi donaire. dame
cinco estrellas.

No es virtud mía, decidir, entre
darte o no cinco estrellas. Mis
estrellas no son dadas, son de
veras codiciadas.

En alguna que otra ocasión, son
donadas;
por la brisa nocturna del talento, pero
por regla general son besadas por la
modestia insigne del viento.

Las demás estrellas, todas bellas
permanecen encerradas y a la vez vistas, por
cuanto mortal insista.

Las estrellas de oropel, caen al mar y
por lo general caen solas. Son esas
que caen en tus letras y hay cada
mosquito que la dispersa…. Este
mosquito es rastrero, pica a muchos sin
consuelo. Al caer cuatro o cinco
estrellas a la vez; no tengas dudas que
son de oro, provenientes de mi tesoro, y
dispensadas por quien estima, a una
obra de bellas rimas..

Gravitación

Quiero enviarte la noche de mi entorno,
a la luna que cuelga de un sueño; el
resplandor de mis horas libres, y cada
letra que camina despierta entre el
paisaje del romance; sobre la copa de
los deseos...

Quiero enviarte también; una
canción antigua en tonos de
arpas y siglos.
Quedarme en tu piel, y en tu voz…

Saciarme de tu espíritu,
uniéndome astralmente a los pensamientos, que
gravitan en vidas pasadas.

Viajo a cada instante sobre nubes de terciopelo,
y te encuentro siempre sonriendo; paralizado en
cada inspiración.

Letras estáticas

Paralizada esta la inspiración, estáticas
están sus tempranas horas.
Transparente el arco iris de su emoción.
Hierático su palpitar,
gris su visión.
Muda su inquietud, sorda
su alma.

Insípido el sabor de las letras. Sapidez
vana y simple de unos versos, que
marchitados exclaman auxilio, a las
prosas de unos pensamientos.

Senderos Pacifistas

Éxito bendito, es aquel proscrito en la meta que
traza Dios;
con herramientas dignas, que nos proveyó con su
amor.

Inteligencia, honestidad, amor y verdad; son las
bases de las joyas que habitan en nuestro mar.

Océano de opciones altruistas habitan en
los óptimos senderos pacifistas. Certeros
caminos que nos conducen a nuestro
padre celestial.

Podrá haber espinas, impedimentos y piedras,
más el amor de Dios amortiguara las penas. La
fe es el baluarte predominante que nos da
brillo,
¡El amor de Dios no está en vilo!

El amor de Dios está en nosotros, en nuestro
sentir; habita en nuestra alma y en nuestro
corazón. Exaltemos su luminosidad,
despertando a la conciencia indeleble de la
mente.

Poeta sin remedio

Gravito en estos instantes muy cerca de ti.
Levito en forma constante empecinada en seguir.
Soy una bruma dispersa en el gobierno de tu
amor,
verás que pronto despiertas del infierno de ese
sol.

Una brisa ligera te eleva hacia una voz, una
voz que recita los poemas del adiós.
Bailas, lloras, ríes y cantas.
Sueñas, abrazas, discutes e imantas.

Así eres tú, poeta sin remedio, hombre
libre de la rutina y el tedio.
Modelas azules versos con tus manos de escritor,
una escultura perfecta son tus poemas al amor

La Perfección

Algunos de mis odios despiertos;
rechinan sobre pasos yuxtapuestos.
Duermen la mayoría de las veces, sobre
cojines de paciencia y mieses.

Existen, no hay duda;
mis odios sin gula, y
vestidos de razón, no
presumen perfección.

No existe, pues tal versión,
ni aún en el mal. Lo
perfecto sólo el creador,
que navega en el amor.

Desvaríos

Mi nombre no importa, mi
esencia tampoco.
Sólo soy una luciérnaga en un camino escabroso,
lleno de obstáculos, ante los rayos
ocurrentes de la imaginación; una mariposa
caprichosa, rebelde.

Vuelo alto y bajo; hacia la cumbre de la
paciencia y la paz. Estoy en el medio de la
evolución; soy una caníbal, que vive en la
selva de los acontecimientos.

Me alimento de razonamientos, y de desvaríos;
produciendo alucinaciones en mis letras.

Los amantes

Una luz se duerme en el espacio de las horas,
un aura aterriza sobre aquella cita, donde los
amantes sacian su apetito carnal, que
deshabilita a la blanca frialdad.

Besos desatados, piel ansiosa;
crudeza bestial de los instintos,
donde la piel no deja de arder.
Y donde el fuego quema en
deliciosa exquisitez a los
coloridos placeres.

Un volcán situado en tierras agrestes,
deja derramar su lava ardiente. Un
sol sofocado y silvestre, señala con
sus rayos de fuego, a la afortunada
pareja de amantes.

Una corriente eléctrica los golpea,
en deliciosos estertores y dulzuras.
Y un mar agitado y cobarde, se
sujeta a ellos, pues no quiere
ahogarse.

Al final un rayo fulminante desata,
lo esperado, y ambos se fusionan a
las llamas de una hoguera,

que insaciable los devora sin
ninguna pena.

Irrealidades y trópicos

Aconteció que aquella mirada indago en mis
sentimientos.
Su aura envolvió mis horas apretujadas a la
divinidad,
haciéndose parte de aquel ritual abstracto y
sediento.

Giré, salté y alcancé aquel sol inmerso de
inmensidad,
donde el desierto intrincado se adhería a mis
letras.

En la lejanía un oasis se atavía de la gracia de
poetas...

A lo lejos, puedo oscilar entre
ser real o imaginaria, móvil o
estatuaria.

Extrovertida y sumida en preceptos lógicos, me
escapo y zambullo en irrealidades y trópicos.
¡Ven! degustemos por segunda vez, esta

manzana pecadora, cómplice de lo sucedido
hasta ahora.

Nuevamente una luz se yergue airosa,
en la plenitud de nuestro amor...

Remolinos

Se arremolinan los silencios. Apretujados
sus cuerpos;
insisten en clamar sus voces quedas a las horas
silentes.

Se aletargan los minutos; y el bullicio
dimensional reincide con sus trinos. Musicales
notas e incautas actitudes de índole bimestral;
seleccionan las nubes oportunas de los
pensamientos escondidos.
Memorias que levitan inermes se levantan
airosamente, coloreadas de espera y
advenimiento espiritual.

Inconmensurables voces guardan silencio, ante
la erudición de un razonamiento necio, que
insiste en besar a seres invisibles.

¡Los yacimientos de odio, expiraron ! Gracias a
Dios!
Sus conciencias despiertas, quedaron
inconscientes, ante el baño de agua fría que le
otorgó el mundo.

Mejor será que la aureola siga viva y eléctrica, su
entorno de transparencia segura,
flotara eterna con alguien a bordo: tú o yo.

¡Perdámonos en las dimensiones de la irrealidad!
Una lagrima antigua, danza opaca, y no hablará
jamás;
sus brazos cuelgan en las ramas del amarillo
olvido.

Isla flotante

Un desierto flameante de odio cansino... A lo lejos
un paisaje edénico de abundante vegetación
ilusoria y engañosa...
Apoyada en una roca de rencor, la lava de la
realidad amenaza con quemar los pasos
recorridos.
Un río lejano se precipita hacia otras cúspides y
llanuras, pareciera que ríe a costa de los
acontecimientos humanos. A la derecha está el
polo norte, a la izquierda el fuego. Tengo frío y

calor, tengo odio y amor indignado, ocupándose
de la limpieza de la mente. Para ello, ambos
estados ejecutan disturbios holográmicos en las
necias y vivaces neuronas, las cuales se niegan a
expirar en los brazos de la realidad.

Los locos pensamientos románticos, que divagan
en cada anochecer de ingenuidad extrema, tienen
mil excusas, y mil poemas para obtener el logro
de aquella isla flotante. Esa que contempla mi
mirada de poetisa enamorada...

Su isla

Su isla flota lejos muy lejos de mí, él está
sólo, en aquella alfombra terrestre,
sembrada en el vacío de la nada.

El arco iris de su amor luce un corazón verde,
como el boscaje de su ilusión.
cerca muy cerca, esta la tradicional luna, que
irradia sus letras de poeta.

El espacio sideral de tono naranja
huele a mandarina, y a limón. Las
frutas distantes conversan sobre él.

La noche lo arropa entre esfuerzos y vigilia, el día
lo cubre de descanso y sueños angelicales. Los
cibercafé lo esperan, lo reciben, con sus caras de
pantalla y sus voces robóticas.

Luego lo inanimado y las horas llanas, lo
desaparecen, y la espera es apacible...
Quizás en otro siglo, estemos juntos.

El muchacho solitario

Un muchacho solitario vive en
una isla distante, a orillas de
un mar azul. Departe su alma
errante, con los poemas de
latitud, amando a una mujer
de humo que flota en nubes
de luz.

El chico la llora,
la imagina a cada instante en sus brazos;
más la realidad de tierra lo mora, le
recuerda que ella, su estrella.... no está,
y no está.

Solo la escucha en la lejanía, en
el caracol de sal.

El oleaje canta melodías,
sus lágrimas opaca al
rey de los astros.

Ocurrencias poéticas

Que mi retórica no te abrume, no
es mi intención, es que así soy,
desde mis vidas pasadas.

Incansable rota el universo,
Alrededor de estos versos. Gira
y gira en los eventos, respira
en la sabiduría recostado en el
olvido.

Virtualidad

"Soy rosada" dijo la niña abrazada a su galán
virtual;

--No me sueltes, aunque sólo sea un dibujo.
--No me sueltes, quizás algún día seamos reales.

Texto virtual

Ahora mismo, esa persona que está leyendo
sobre nosotros,
Tiene vida; tomemos su vitalidad y que ocupe
nuestro utópico sitio.
¡No, no huya! ¡Ya no podrá escapar!

¡Vamos! No sea egoísta, tenemos derecho a vivir,
y a sentir en el mundo real. Gracias por su
energía.

La bailarina del amor

Bailará horas y horas, danzará entre
letras, músicas y piruetas.
Alma que gira y gira,
oscila en el péndula de su voz, sonidos
de olas y silencios.

Enamorada está por segundos entrecortados,
Bailarina eterna de versos, lunas y hados.

Tu playa de fantasía

El entorno de la naturaleza es atrayente.
Posee la magia de Dios.
La inmensidad del océano que contemplas a
través de la visión enigmática de tus ojos
románticos,
en aquella isla donde resides desde que tienes
uso de razón.
Son arena y sol de inspiración, que me
trasladan a tu playa de fantasía.

La verde y fulgurante naturaleza que me invade,
son luz dispersada en destellos sosegados de
algarabía.

Esferas de paz y amor lejano;
caricias distantes que me hacen suspirar poemas
y emociones
del romance espiritual de tus sentimientos, amor
mío.

Son palabras ensoñadoras que eternamente me
hacen flotar, en el ambiente donde me
encuentre.
Porque surges entre la niebla de mis
pensamientos, cuando
menos lo espero. cuando
más lo necesito.
Y me reconfortan tus frases de amor y romance.

Y Me siento amada, y
trasladada en un instante,
a la aureola fantástica de nuestros encuentros de
amor.

Te amo y te amaré por siempre.
aunque el universo y las circunstancias
nos distancien cada día más, Siempre
ocuparás un lugar especial, en mi
corazón.

Ángel de amor

Los destellos de tu personalidad, navegan en
mis pensamientos. Me encantas que seas
así; núbil, etéreo, deslizándote en mis
sueños, con tus bellas palabras que alegran
mi sentir. Palabras del ciberespacio ¿cercano
o lejano?

Misterioso azul;
deléitame con tus alegrías o con tu melancolía;
así me gustas, lejano, distante. Eres la luz de
mis suspiros, en las noches de luna y
romance.
La fascinación extiende sus alas y
me atrapa al instante.

Te entrego mi sinceridad; ser
de luz, ángel de amor...
Cuando en aquella ocasión,
navegamos en la eternidad,
traspasamos la realidad,
trascendiendo la fantasía.

Diez minutos, media hora,
una hora en cada siglo;
no importa, detrás del
espacio sideral; emerges
tú. con tu fulgor e ímpetu.

Cuando la soledad oprima tu pecho;
cuando una lágrima gire de dolor...
(Dios quiera que no) Si me escribes,
palabras de oro y fulgor, resplandecerán
para ti, ángel de amor.

Fantasía de amor

La noche silente se expande, en el
cosmos de tu ternura. Mi corazón
se encoge de amargura, al no
poder hablarte.

Las letras irradian estrellas de emociones, que permanecen en mi alma; cual si estuvieses presente. Adivino tu varonil voz,   detrás del ciberespacio.
Y me arrulla.

Dominas mi alma, hombre adorado.
Me subyugas totalmente con tus palabras. Tu apasionamiento se trasluce en tus escritos, y estremece mis sentidos. La imaginación es vívida; cuando cierro los ojos, y pienso en tí.

Me desintegro en las espumas del océano.
Y contemplo el amor subyugante;
reflejado en la arena de la pasión, que se desencadena.

Desfallezco en el eterno devenir de las olas del mar..,
¡En los besos que se escapan..,!
¡En las caricias que huyen y descansan!
Sobre el amor que perdura; en las
estrellas alucinantes de esta fantasía
de amor.

Mi amor virtual

Eres mi amor virtual…Irreal

Navegas en las dimensiones aterciopeladas de
la constante imaginación.
En las nubes claras y nubladas de
la creciente inspiración.

Surges de la nada, etéreo, errante… Perfecto.
Y me besas apasionado, en un
beso eterno de amantes…
Siento tu aroma, mi hombre amado….Predilecto.
Y me entrego toda, desmayada en tus besos.

Languidezco de amor y muero de odio.
Enloquezco cuando te desvaneces...
Imagen y voz de amor, me retraes a
lo prohibido…Pereces. Y resucitas
en el sol.

Sueño contigo y luego despierto... ataviada
de color...
Te espero y te encuentro...
Amor de siempre.
Amor de nada.
Viviré por ti, en esta alborada, de
la imaginación y los sueños.

El hada de luz

En otra vida fui un hada;
las iluminadas orlas de los soles mágicos caían
de continuo
en mi vivienda, hecha de destellos y
pensamientos.
La magia blanca e inocente estaba en mi;
volaba a doquier, y sobre los árboles me
recostaba a contemplar a las nubes de la vida
espiritual.

El regocijo cual cascadas de sonrisas y voces
infantiles, cubría a mis amigas y a mí.
La alegría nunca terminaba; sus brazos eran tan
largos,
como el cosmos de las ideas blancas y traviesas
de los niños del mundo. Y la hierba de los días
retozaba en mis descalzos pies de hada pura.

Mis viajes a voluntad divina, iban y venían en
remolinos;
vorágines de viajes plenos de fragancias de
árboles tropicales;
cuyo misterio atrapado entre sus sombras y
miradas verdes,
invitaba a dormir en sus magnéticas ramas de
vida y luz.

¡Vuelo a voluntad, disfrutando la belleza de la
verde naturaleza!, que vestida de gala me
presenta a su esposo. Entre refulgencias de niños

y magias bondadosas retozan, todas las hadas
dadivosas.

Cada hada es amiga del amor, y la paz;
cada hada cuida a un niño o niña. Vestidas
de luz blanca de amor casto, el hada
buena llega y te invita a viajar; en
universos de magia y juegos.
Temporaria

Mi cabellera negra y mi belleza la tiro al mar
para humedecer con naturaleza mi transitar.
Pasarán los años, pasará la vida, pero el
recuerdo de cada ser, nunca decrecerá.

Mujer que miras tu belleza, hombre que
contemplas tu gallardía, recuerden que son
sólo momentos efímeros
carnales de triviales
algarabías.
La verdadera esencia es espiritual, eterna y
enigmática,

Plena de sentimientos, nobles y morales u
oscuros y detestables.
Tratemos de seguir las leyes divinas, que
nos abrirá la puerta del amor
al final del camino,
cuando algún día lleguemos a sus llanuras de
cielo y paraíso edénico.

El lector y la sirena

Poseo poderes mágicos conferidos;
por las experiencias esparcidas en la arena del
cielo.
¡Arena que recojo con mis manos en vuelos!;
Guardándolas en espacios secretos y
escondidos.

Puedo flotar a voluntad y viajar hasta la alborada.
Recorrer el paraíso de los matices y placeres.
Puedo transformar sentimientos en oro y
diamantes, si beso las olas que el aura del mar,
trae desde el oasis distante.
Puedo también embrujar las mentes de los
amantes,
y convertir sus emociones de fuego en notas
delirantes.

Tengo la facultad también de proyectarme en su
mente,
¡Si, usted mismo! Sólo cierre los ojos y
concéntrese.
Me verá surgir del océano; sirena, pensativa y
consiente;

Sea quien sea, tome mis manos y vamos,
acérquese.
Preferiblemente, espero que sea hombre, si
es mujer, tome de las manos al poeta tritón;
que está a mi lado, en ese sillón.
El la conducirá a las profundidades del océano
certero, mientras yo sigo con usted caballero.

Tomados de las manos nos adentramos
a la ciudad del mar y de la arena;
Vemos a nuestro lado miles de tritones y sirenas.
Vemos también al tritón con nuestra amiga
lectora.
Le invitare algo. ¡Espere, no se vaya, un
momento!
¿Desea una copa de escarmiento?
Venga, mire esos camarones, son amigos míos,
ojalá sobrevivan cuando respiren en el río. Mire
más allá, las pobres tortugas indigentes, ellas
se están extinguiendo a causa de la gente.

Ahora subamos momentáneamente a las rocas
de los pensamientos.
Quiero contemplar a la iguana y a su
descendencia.
Son también víctimas de la inconsciencia
generalizada; su hábitat está destruido, casi en
la indigencia. Devastan a las especies que
yacen atribuladas.

Ahora bajemos nuevamente, abajo están los peces contaminados.
Ayer dejaron caer petróleo en nuestro hermoso mar plateado.
¡No se asuste! Miles de peces parecen yertos,
Pero sus espíritus, siguen vivos en el cielo nuestro;
El alma marina vigila desde arriba...

Estás y no estás

¿La irrealidad, será irreal?
Llegaste y luego estás, y luego no estás.
Estás... No estás... Estás. Eterno en la utopía
de un pensamiento citado a una hora específica:
la hora de versarte con besos y sentimientos. Tu mirada que engalana,
al escenario de tu ser, transmite sensaciones,
estampadas en diversos mundos...

En el mar, en el trópico, en el hielo, en la selva,
en los bosques fusionados a una dimensión mágica.
Percibirte...Escuchar tus versos, que irradian
sensaciones esculpidas en los siglos.

Un espíritu femenil

Y la brisa acaricia,
y el silencio pronuncia palabras telepáticas,
del ayer, del presente y del futuro. Frases
fundamentadas, frases vanas, frases
poéticas y frases amadas...

Soy un espíritu cubierto de consistencia corpórea
femenil, con pensamientos de meditación y
sabiduría. Me gusta ver la luminiscencia del día,
percibir al sol y sus candentes rayos de
optimismo.
Es la preferencia de casi todas mis existencias.

Poema de agua

Me sumerjo en el bullicio del agua y su frescura...
Torbellino de humedad, cascadas de bondad.

Busco una alegría entre olas de amargura,
o remolinos de agua pura, que giran entre
conceptos de lluvia o gotas de rocío.

¡ El poema de agua es mío!

Escribí sobre el líquido transparente del río:
versos de sol, frases de arena, que flotaron
durante milenios de vida, vagaron entre
peces que parlaban silabas de sueños
pausados.

Luego me recosté en una pared de piedra
arenosa,
sonreí, me torne seria, y luego me dormí
encima de una piedra de oro. Reposé
durante dos siglos, despertando en la
superficie de una rivera...
No me olvides

No me olvides...
Porque existen lapsos de lágrimas que duelen;
suspiros de nostalgia cibernética,
de ilusión pasajera y palabras acariciadoras.
Te amo, te amo, y te recuerdo siempre.

Allá en la playa virtual,
donde nos miramos y nos amamos,
siguen volando las gaviotas, y los
sueños...

Mi corazón está lleno de amor, para ti,
aunque la distancia nos limite, las
cadenas aprisionen, y el tiempo no
alcance...

Te digo que te amo, y deseo que
seas feliz, y que Dios siempre te
oriente y guie.

Besos con alas para ti.

Así escribo

Estoy aquí, para expresarle a la musa sobre los
cien mil suspiros que laten en lejanías; verso a
las canciones que vagan en los recintos del
pasado...

En los vacíos de una noche en que te espero,
sobre cada paso espiritual que flota en los
sueños de mis calles del ayer y del hoy.

Escribo improvisado y resalto en cada tramo de
vida, tus besos de fuegos y distancias...
Después los refino con música instrumental,
los corrijo y edito entre notas de almas.

Escribo sensaciones, les doy palabras y
giros, así me deslizo en cada inspiración.
Así escribo… Por ti

Las llaves

Encontré evidencias de sus pasos en otras
puertas...
¡Si! ¡Ya no sucumbo ante sus travesuras de
poeta¡
Más, cuando el exterminio de la noche se
agudiza...
La paz y la luna escondida se eternizan en
riachuelos de sonrisas esporádicas.

Dos candados destrocé con el ardid de una llave
maestra,
entré y vi aquellas luces verdes que tintineaban
atención.
Navegué por un momento entre pensamientos y
recuerdos cercanos...

Luego me paralicé en un concepto poético. En
ese lugar formé un poema con mis propias
manos,
y cambié las llaves de su voz.
Sedienta de su espíritu, atiné en recoger
del ayer que pudo ser, y del futuro que
nunca será, un pequeño y a la vez gran
caudal, encerrado en la distancia lejana
de un mar paradisíaco.

Medité sumergida en las olas de sus versos,
sonreí y coqueteé a la imagen de su amor. Luego
decidí cerrar la entrada y cambiar las llaves,
pero, luego reflexioné acostada en la noche, y
pensé entregárselas en la primera ocasión que
una
inspiración repentina me extendiera su alfombra,
para que mis poéticos pasos marquen en el papel
de su corazón un amor virtual imperecedero,
saciado de letras y besos de palmeras, donde las
caricias distantes de sus lágrimas, sinceras y
fingidas puedan pernoctar en cada sensación de
amor y plenitud de islas caribeñas.

Enamorada

Me fascina tener mariposas en la mente.
Y flotar hipnotizada, mareada de amor.
Ebria de sensaciones, por ti.

Unos minutos que emiten palabras versadas,
de ternura e inteligencia me lían en éxtasis.
Etéreamente viajo hacia ti, enamorada,
extasiada.

Te amo dentro de la aureola mágica.

Un mundo privado donde sólo estamos los dos.
Te amo y los suspiros me encumbran a la
cúspide de nuestro amor.
El mar me extasía...Me llama a sus olas de paz y
azules senderos....

La era glacial de un amor virtual

De nada sirven, los recuerdos, de
nada sirven las señales, si ya
expiraron los latidos de las letras. La
tenue alfombra decora un espacio
inexistente...
Su delgada esencia se deshace sobre un océano
incoloro.

Impasibles, y fríos están aquellos sentimientos
antiguos, que antes fueron fuego.
Evolucionaron en el blanco vacío de un silencio
que se prolonga en la lejanía de una era glacial.

Letargo de playa

Soy dueña del espacio en blanco
que está en frente de mí. Propietaria

de mis pensamientos, ama de mis
razonamientos.
Poseedora de un criterio ajustado a normas
lógica y ciencia.

Los actos son míos también, más, sus
repercusiones palpan y afectan otras vidas
que circulan en la aureola. Me sitúo en el
medio de la galaxia, observando a las
similitudes de los seres y sus deberes:
legales e ilegales; morales e inmorales.

Entes extraterrestres se mezclan con los
terrestres...
O será: ¿Que los terrestres en realidad son
extraterrestres?
Soy la capitalista de mis monedas y sentimientos,
la que invierte a cada instante en sí misma, y en
los que ama.
Me amo y amo.
Me quiero y quiero.
Me respeto y respeto.

Pido al amado padre que aleje a mis
seres amados, de aquellos seres
desviados, que evite que se crucen en
su sendero.
La brisa continúa brindando sosiego...

Y sus brazos extienden al sol de enero.
Tengo a la claridad como un apego,
como una representación de vida intensa,
de Dios, sus ángeles y su afecto. El
verde plateado que irradia y potencia,
acentúa las energías del intelecto.

Planeo revolcarme pronto en la arena real de
una inspiración que me haga arder la piel…
Llego a la playa y me hundo en un charco de
sal y agua de sol. Contemplo a la inmensidad
majestuosa de aquel mundo onírico de los
seres acuáticos.

Suspirando aquel letargo de playa, me
quedo quieta, con la mirada estática,
como deseando retener aquella visión
esplendorosa cuyos sonidos son de
igual belleza.

Camino y marco mis huellas en la arena, y
los sucesos se confunden con el pasado,
el presente y el futuro.
Los amores posibles e imposibles me observan
en el reflejo lumínico del astro dorado que refulge.

Una caminata en sueños

Una caminata en sueños, en un
desierto árido que conduce a un
mar en ebullición.
Un mar de intempestuosos versos
que se muestra en aquel cuadro, que
cuelga de la pared del tiempo.

Un sueño roto,
que ayer cosí con el hilo de mis horas libres, con
la aguja de las palabras...
También degusté una rebanada de nostalgia,
bañada de adolescencia.
Y me bebí un vaso de suspiros mágicos,
con una rica galleta impregnada de
luces de discotecas...

Abracé con mucha vehemencia a varias
tardanzas que flotaban en la atmósfera de mis
horas libres...
Y observé por breves segundos a la pobreza
extrema de mis semejantes. Ubicada por
intervalos de poesía, parada en el patio de
mi colegio, sujeté a una melodía con mis
manos. La así tan fuerte que desbaraté su
esencia. Unas lágrimas de diamantes y
cristales sueltos llovían de mi mirada...

El silencio prohibido

Te guardo en el silencio prohibido,
de mis sueños imaginativos. Te
escondo en mi mundo secreto,
pleno de paisajes escritos.

Llegas guapo y galante con
tu sonrisa distante.
En bólidos tus amistosos mensajes...
Sosiegan mis esperas. Se
ondula la emoción en pasajes de
atención y quimeras.

Enciendes a la nada y al todo, viertes
a la vida de tus letras bellas, sobre
las sensaciones placenteras.

Belleza física y espiritual

Una bella mujer plena de curiosidad recorrió los
caminos de su existencia en la tierra.
Viajó a las distintas dimensiones del tiempo.

Ataviada de felicidad y compañías gratas,
se vio a ella misma: nacer, crecer, amar,
reír, llorar y bailar.

Su belleza física trascendió hacia su
espiritualidad.
Reflejó cualidades de gran valor ante Dios.
Su alegría inundó el entorno y una sonrisa
placentera de amor y paz la cubrió de
bendiciones, vida y eternidad.

En la santa ciudad recibió la bienvenida
y el regocijo de la multitud, se percibió
en el ambiente, junto al verdor de los
árboles celestiales y la brisa de una luz
solar divina.

Prosa al amor real e ilusorio

Cuando me enamoré de él, el amor me hacía
flotar. Dicen que al percibir el romance, se siente
como si se ingiriese una droga. Tal es el efecto
que causa la ilusión aunque sea pasajera. La
sensación de euforia se acentúa y mil paisajes
nutren al paraíso del amor real o ilusorio. Ambos
visitan a las almas románticas. Uno es estático, el

otro volátil; uno se prolonga en la realidad, el otro en los sueños.

Así es el amor con sus colores diversos que al principio, nos hace sentir como si viajásemos constantemente sobre las nubes que circundan a la materialidad, dotándonos de un transporte espiritual.

Es posible quererse en la distancia

¿Es posible quererse en la distancia?
Sí, es posible.

Es posible amarse, en la fuente real de los deseos, y luego concretar los sentimientos en realidades. Es posible, plasmar el sentimiento también en forma abstracta
y hacer una escultura de letras…

Ensimismarse en la dulce sensación de cariño. Si las cadenas aprisionan mis manos y mi cuerpo, no así mi mente que lo ama, sublima el afecto de su atracción física, y de espíritu, solo por él.

¡Amo el continente de sus días y noches!

Amo sus versos y su piel distante.
Quiero seguir flotando, por intervalos de fantasía,
hasta que las mareas y tormentas se sosieguen.

Sortilegios

Un céfiro pleno de versos y frescor, surca
vestido de melodías y pensamientos...
Es de noche, es de día,
estás en ambas utopías.

Enalteciendo la atmósfera de tu voz,
suaves sortilegios evocan al amor. El
astro dorado refulge en cada rima,
intensificando las emociones de su cima.

Estés o no estés, estás
presente en mi mente, ¿No
lo entiendes mi amor?
Transitas en cada pensamiento sumergido en el
mar,
vivificas cada imagen plasmada en el horizonte
de los sueños.

¡Si! Se que no eres perfecto,
que en ocasiones, tropiezas con cada elemento…
Pero después de la tempestuosa tormenta de
celos, la apacibilidad rige cada átomo de ternura.

De ninfa a sirena

Soy tu ninfa que vuela sobre tu silueta,
esparciendo irradiaciones ardientes. Me
acerco y un aroma a violetas, incendia
la estancia silente.

Más de pronto una vistosa mutación, recorre
mis formas;
mis alas se deshacen en la habitación,
y en una aleta, mis piernas
se transforman.

Ahora soy tu sirena, de larga
cabellera negra, la que
juguetea con la arena, de
todas tus noches tiernas.

Coqueta, te suplico un beso,
extendida en la orilla del mar.
Besas mis labios, con tus

dulces versos, el oleaje me
transmuta, con sal.

Ahora soy mortal, vestida de
flores y llantos. Una mujer
natural, por algunas horas de
encantos.

Se matizan los segundos,
los minutos forjan liras, de
nuestro armónico mundo,
mueren letras y mentiras...

Cerca del halo del sol

Un beso cerca del halo del sol,
sus manos en mi faz, en mi
cintura.
Su cuerpo sosteniendo todo el amor.
La arena y sus suaves manos,
su mirada que escruta los sentimientos
versados...

Vestida con una de sus camisas, que
indaga y delinea cada centímetro
de mi silueta,
me dejo llevar por él y por las olas,
me abandono a su voluntad,

arrodillada en un impulso hacia la
alfombra del mar.

Él cae junto a mí, y una
gaviota nos observa... Cubierta
de siglos y ausencias,
luzco enamorada,
él está conmigo, y
no partirá más.

Origen

El origen de cada historia de amor:
ilusiones perdidas.

Una playa pletórica de sol, me habló de su vida,
bañada de arena y luz candente. No supo cómo
comenzar su relato, pues millones de historias
colgaban de su piel de cal y mar.

Sólo supo decir: las historias son
demasiados complejas, tendría que
dedicar,
miles de años, para relatar por lo menos, un
minuto de cada vida.
Así que confórmate con saber, que cada vivencia
terrestre se originó de la ilusión eterna o pasajera.

Algunas pasaron a formar parte de mi esencia
oceánica, otras se diluyeron en el fondo del
olvido marino... Aún laten los recuerdos de cada
atardecer en décadas nostálgicas, proyectando
su embrujo de sentimientos en cada ola de
amor, silente o pasional. Tormentas que no
cesan, o quietud que se refleja en los hechos
grabados por esta arena de piel y vida.

-Antes de irte graba tu nombre en mí,
quizás pase mucho tiempo, antes de
volvernos a ver-me dijo Acto
seguido, grabé mi nombre con la
punta de una rama de árbol.
Al momento, aparecieron al lado de mi nombre
docenas de nombres olvidados.
"Ilusiones perdidas del pasado".

Madre abnegada

Orientada en el amor, que
reside en su alma.
Repleta de cariño incondicional por sus hijos.
Son las madres buenas del mundo.

Guiada por Dios y su hijo,
orienta a sus luces,
Aconseja, no discute.
Pide felicidad, seguridad,
y paz a nuestro padre
celestial.

Rodeada de elementos de vida
adyacentes a la luz y oscuridad, recoge
los destellos y los mira; aumenta su
intensidad.

Son soles de ternura que la
identifican de inmediato.
Madre abnegada, que vierte
todo el amor en sus hijos.

Madre que ama sin condiciones;
antepone el bienestar de sus
bebés, al suyo. Llueven
bendiciones sobre ella.

Dime si te inspiraste por mí

Poeta de mi amor...

Sólo dime si fabricaste un mundo mágico… Lo
presiento entre las notas acordes de nuestra
melodía, lo contemplo en la esencia enaltecida
de tu amor.

Nieblas, fluorescencias nostálgicas,
acaecen en forma intermitente… Junto
a ti.
Melodías antiguas presentan su alfombra y
terciopelo, a
nuestro andar.

El mar nos observa y trae sus olas de júbilo,
como si alborotara su emoción al vernos.
Enamorados, extasiados mutuamente.
Así lucimos al cielo y a sus riachuelos de vida
solar.

¡Vamos! Dime si emergió una onda lírica de tu
sentir, por mí.
Dímelo, para recostarme por breves milenios en
almohadones de amor y musas encendidas.
Flotar por ti. Levitar en las ondas de tu cariño.

Antiguo y milenario amor

Una ventana entreabierta muestra la refulgencia
de la vida.

Sugestiones apagadas se escabullen en la
transición de los siglos;
sobre un cofre cerrado, guardado en un boscaje
que nunca olvida.
Sempiterna nostalgia de un antiguo y milenario
amor.

He traspasado vidas y sucesos,
caricias y tropiezos, Y tu amor
lo tengo guardado en el cofre
de la eternidad.

Mi dulce querer, amor de mi vida.., ¿Qué
enigmas encierras en tu transparente
figura?
¿Hacia dónde partiste?
¡Volví a nacer! Amor de mi vida!

Y me pregunto si resurgiste en esta ocasión; en
mi misma época, o te espaciaste en la
distancia de los siglos, naciendo
antes que yo.

¡Muestra tus promesas, esculpidas en azules
remembranzas!
¡Ven mi amor!
Hazte presente por favor.

¿Dónde estás?....

Amanecer en tus brazos, Maniatada
en tus lazos.
Róbame todos los besos que atesoré,
detrás de las épocas; secuestrada
y adorada.

Una tormenta se avecina y
ambos miramos hacia arriba.
Lluvia de lágrimas que humedece
nuestras almas compungidas...

Se despejan las negras nubes...

Traviesa te despeino y sonrío, corro
entre los árboles de las horas, Tú
me persigues, yo sigo corriendo,
entre los siglos; riendo
a carcajadas.
De improviso, agarras el atajo de los versos, en
el sendero de las rimas, y me atrapas con tus
besos.
Sigo con las bromas y entre los minutos de las
letras; me escabullo nuevamente.

!Oh juvenil derroche de azucenas se desbordan
de tanta ilusión!
La luna, compañera inseparable de románticos

como tu y yo, sonríe y nos arropa con su
luminosidad. Un abrazo nos une, cual almas
gemelas, en la inmensidad.
Y un beso final se estampa en el verdor del amor.

Siempre te esperaré...

Y yo sigo escribiendo

Olvídame, que yo te olvidaré.
Recuérdame, que yo te recordaré.
El paisaje de las horas verdes esta impasible,
tranquilo y etéreo...

Y el panorama de las letras que nacen y fallecen,
han seguido su ritmo normal en las lluviosas y
soleadas coplas.

Hola y adiós se saludan los versos del pasado,
hola y adiós se confiesan sus pecados.

Una intermitente lluvia de paz cae
sobre la próspera ciudad.
Y yo, sigo escribiendo...

El príncipe dimensional

Y emergí, naciendo en las marejadas utópicas de
aquel mundo azulado…
Miré a un caballo alado que insistente
me pedía que montase en él, para
poder llevarme a los brazos del
príncipe de la dimensión alterna.

Me impulsé victoriosa y húmeda de mar en
calma,
desnuda montada en el corcel aéreo, mi piel
sintió la intensa frescura de unas letras, que
volaban despiertas...

Eran las letras de un enamorado poeta,
que filmaban mi imagen; plasmando
cualidades y sonrisas, de una poetisa
enamorada.

El nuboso entorno, me rodeaba de un celestial
algodón,
como opciones ofrecidas, para abandonar al
corcel.
Con solo una ligera inclinación, podía trasladarme
a reconfortantes almohadones de cielos. más yo
quería viajar a los brazos que me esperaban.

Transcurrieron tres versos y una rima,
antes de poder apreciar la cercanía

de aquel lugar paradisiaco. Una
palmera se inclinó como señal de
bienvenida, y una ola se rindió a mis
pies.

El príncipe se aproximó abriendo la
puerta dimensional eléctrica.
Vestía de forma sencilla en tonos de azules
poemas, que sueñan amores imposibles
pero reales.

Caminando hacia mí, ubicado en la distancia de
un beso lejano, me lanzó caricias, y suspiros,
versando mil sinfonías de afecto.

En cada paso que daba, más se acercaba. Cerré
los ojos, esperando tocar sus poemas y sus
manos...

Nostalgias

Le pedí un favor
a la lluvia;
que te alcance en el aquel extravío de
nostalgias agolpadas que susurran
cuentos milenarios, enclaustrados en las
barcas antiguas de los siglos.

Una regadera de sensaciones sentirás sobre ti;
son mis sensaciones, aquellas que nunca
dejare de sentir, cada vez que pienso en ti.

Y te imagino allá, en ese entorno mágico
y real que te rodea. Tus pasos cotidianos,
en las horas matutinas, vespertinas y
nocturnas.

Con tu cabello largo o corto;
con tu mirada, que proyecta mil romances
intensos;
tus brazos enlazándome toda, aprisionando
mis sueños.

Pesadilla nocturna

Cauteloso llegas arropado con la
sábana nocturna, caminando por
el hilo del silencio. Pisas con
tiento, con temor a caer en los
peñascos de tus mentiras, sobre
las rocas del desamor.

Intento acaparar las luces dispersas y errantes.
Mi corazón se cansa, y se humedecen los luceros
de un sueño, afligidos de tanto anhelo...
Anhelos sin cumplir.

Esperanzas...
Trozos de esperanzas; rotos y perdidos.

El espejo del ayer

¡Oh luna indiferente! Eres la
apariencia del reflejo, del
espejo del ayer. Donde
existía otra, que creía en el
querer.

Me miro en el espejo, y
examino mis facciones.
Atisbando desde lejos, en
paisajes de oraciones. La
noche es un encuentro de
mil peticiones.

Peticiones no atendidas,
por la acción irreversible de
tu ser.
El cual es siempre abyecto como
tu querer.

Fuiste

La vida se encumbra luminosa
Otras luces iluminan la faz en
la atmósfera de mi realidad.

Fuiste oropel resplandeciente en la oscuridad
de mis noches tristes. Fuiste un sol ficticio;
una mentira disfrazada de verdad...

Apacible

Todo está en calma…
El mar esta apacible,
y las gaviotas extienden sus
alas armoniosamente.

Se deslizan en el aire,
con majestuosidad…

En un momento dado;
el mar se une al cielo...

Y se fusionan ambas inmensidades.
pincelando un anaranjado atardecer, en
el óleo de la eternidad.

Persémona

Persémona , así me llamo desde que nací.
En el principio del génesis…. Ahí estaba yo,
almorzando cada piedra, y cada algodón de miel,
que vierten su invitación a las emociones
punzantes.
Todos los días bostezo pensamientos distantes...

¿Acaso estoy sedienta , al beber cada diamante
de letras,
que vuelan y luego aterrizan en cada caída de
sueños despiertos?
¿Para que preparo el pincel? ¿Para que plasmo
trazos de alma expectante?
Si las ínfulas se desinflan en extraños finales de
cuentos.

¡En la aureola de humanos, ya no importan los
defectos!
Solo el correr de segundos en convenientes
decisiones embestidas de plata.

Eclipse

Aquella noche la luna lucía un esplendoroso color
dorado. resplandecía su vestuario y orgullosa se
mostraba a mi amado.
Una cortina tenue se asomaba a sus vertientes.
Poco a poco se cubre; sutil y
suave, gradualmente, se tiñe
de un tono oscuro rojizo.

El manto rojizo se acentúa luciendo;
los pensamientos universales, que
interactúan con la abstracción
taciturna del anochecer...

El eclipse se manifiesta y al final,
la cortina se cae en cámara lenta.
Volviendo la luz dorada, de la
encrucijada de los deseos.

Fuente inspiradora, de la
intermitente poesía, eclipsaste
mis anhelos; para luego
mostrarme tu realidad.

Se escabulle mi mente,
y me despido de ti, hasta la
próxima vez que te vea
completamente libre y plena.
Alejada de aquel manto rojizo,
que oscurece tus días.

Olvidarte

Deseaba olvidarte;
y así acostumbrarme a la falta de luz; y
si fuese posible; asesinar la lasitud.

Morir por un instante; y renacer
en completa amnesia, y no
acostarme en la demencia.

Resurgir en mí la inquietud;
cubrir la bruma de mi juventud; y
sólo dar paso al enfrentamiento,
de una nueva vida; libre de tu
ingrata alma.

La estatua

Regreso al agua fría de la realidad, y me
ahogo en ésta angustia y calamidad.
Vuelvo de la imaginación viva;
donde siempre estoy cautiva.

Vuelvo de los sueños locos; que
deambulan ignotos.
¡Son lisonjas en regazo de una vida abandonada!
¡De una vida que no hay nada!

Actitud corporal y espiritual de
una estatua en el agua; que
se ahoga sin remedio,
porque, está hecha de tedio.

Lo que la brisa no llevó

La brisa peina el tiempo, y un peinado
hecho de horas y segundos atrae sin
demora a múltiples mundos.

Dimensiones imaginarias encauzadas
en diversidad de amores. Príncipes y
hadas en albores individuales,
hechizan cada romance. Mi alma
poética se expande. por lo que pudo
haber sido; por lo que pude haber
vivido...

¿Como serían las alas de mi entorno?

Si hubiera tomado otras decisiones.
Ejecuciones de actos, que marcaron
inexorablemente el destino...
No hay marcha atrás; en secreto
sigilo sugiere una voz.
Sonrío, la paz me invade.
Dios guio mis pasos, en
cada acción.

¡Ilusiones extintas¡ El eco
de sus voces, repercute
en los segundos.

Otros amores, cuyas imágenes aletargadas
levitan
en el carril de las horas; Ya
no causan dolor.
Ni siquiera nostalgia.

Solo una pizca de melancolía, impulsada
por lo que puso ser, algún día.
Y no fue.
Cada uno navega en la taciturna caída
del anaranjado sol. En las azules
corrientes de un río celestial, y en el
silencio del adiós.

Mente que divaga

Mente que divaga; la música del amor la
espera a corto plazo. Romántica como
pocas, desconoce a las brumas y luces
que la circundarán.

Ella sueña, y levita en las horas de su vanidad.
Ella ríe y danza bajo luces multicolores, y
ensimismada en el amor contempla a las aves
de los deseos, que revuelan
promisorias, exaltando la abstracción.

La amistad

Un pez dorado flota, en las márgenes de un río
celestial.
Seres del bosque deambulan e iluminan,
con las luciérnagas de sus miradas, la
noche constelada.

La luna contempla los peces de vidrio,
en la transparencia de las alturas. El
sol , se baña en el río de oro, y un
niño con alas recorre las nubes. Y un
tesoro descubre;   ¡la amistad!

¡Cariño de topacio entrañable, es la amistad!   .
El gesto afable, el afecto amable, estampan una
sonrisa mutua, de sinceras joyas de emoción
alternas.
¡Brilla la atención y la cordialidad!

¡Cual almácigo de sinceridad,   En
el momento indicado!
Se refrescan las cadenas inseparables.
Irradiando estabilidad y sosiego palabras
de comprensión y de aliento.

Cadenas de positivismo, es su
esencia y espiritualidad. Con los
fieles consejos despierto,
irradiando felicidad.
Me traslada a los senderos de tranquilidad,
a la ciudad de Sión, a las manos de Dios!

De Agradable presencia,
Y tez incondicional,
Tonos de bendiciones,
Se desprenden de la Amistad real,

Desaparecen las tensiones, se
extermina la ansiedad!   Cual
dádiva de aceptación perenne y
recíproca, se estrechan alegres..,
Las almas de la amistad!

Expandiéndose en el universo,
sonrisas y bienestar.

Enigma

Enigma vestido de misterioso azul;
ese eres tú; que divaga dentro
de las nubes, de mi corazón
poético...

¡Hazte presente! esta noche en mis
sueños. ¡Hazme feliz! Que yo te
corresponderé, y con mis formas
femeninas; te deleitaré.

Idealización e interrogación

Idealización e interrogación,
tus ojos café o tu voz. Tu
primer beso o tu posible
adiós.

En realidad, no sé...

Si son tus toscas manos varoniles,
o tus feroces besos actuales, no
sé...

Tus ojos café, tu tierna mirada, o tu
amorosa compañía de eterna
madrugada; en que me dices tuya,
cuando estoy desnuda…

Despojada de la vestimenta
corporal y mental; en que me
muestro, tal cual soy;
flotante, sentimental…

Tocando con la punta de los dedos,
las nubes de tus deseos, cargadas
de lluvia o de sol;
o de un cielo despejado; sin
dudas, sin temor.

No calles al amor

No calles el resplandor constante
que fulgura en nuestras ansias de
amor equidistante.

No calles a la ilusión dorada, que
transmigra en las formas del adiós,
suspendidos en los hilos de la espera.

!No me ocultes tus quimeras! No
silencies las palabras sombreadas
de noche y humedad sensorial,
impresas en la ansiedad...
Y en mi piel.

¿Podrías abrir la puerta de tu sinceridad?
Entonces, yo entraría gozosa, de
reposar en la verdad... de tu ser.

Reposaría feliz y confiada, en una
sonrisa alborozada, Tus manos
curiosas explorarían, sobre la
transparencia de mi vestido.
Acariciando por siempre; mis
sentidos.

Amor prohibido

Los pensamientos son ocultos... No sé
que misterio, encierra tu bello ser, y tu
encantadora sonrisa.

Tu personalidad atrayente y tu elegante persona;
son capaces de volver loca a cualquier mujer.

Tu corazón está atrapado en aquella planta,
más se distorsiona la realidad, y el telar de
tu alma; aparece en mis manos.

Tu voluble corazón de niño,
envuelto en un cuerpo varonil;
quisiera mimar y apretujar, más la
marca de lo prohibido, se
subraya.., y mi voz, y mi ser, mi
todo; fingen, a pesar de las
lágrimas florecientes.

¡Te amo! En éste loco instante platónico.
¡Te amo! En ésta noche loca de insomnio.
¡Te amo! y me envuelvo en amor.., cerrando
los ojos.

Eres
Eres el amor...
En el mar azul... En el tiempo
infinito, de tu eterna ausencia,
de mis lágrimas gastadas,
secadas en el vacío de la nada.

Eres la felicidad...
En la fantasía de una tarde invernal. Donde
tus besos de sueños;

son reales, y en un
dulce embeleso; tu
cariño me cubre.

Mis secretas pretensiones

Entre mis secretas pretensiones,
Flotan escondidas aseveraciones, que
se desglosan de sus prisiones.

Palidece una palpitante canción,
y se destacan lacónicos deseos en…

Destruir los malos momentos, que
a nuestro amor empañaron,
ensortijando a la sutil brisa
envuelta en nubarrones.

Suavizar a las afrentas enclaustradas, del
ayer, con el perdón.
Diseñar en el espacio de tus ideas,
bañada en sensaciones, conceptos que
se ajusten a mis deseos.

Rebozar en la abstracción del anochecer
de mis pensamientos por ti; naufragando
en una blanca ilusión.

Que supieras, que ya dejé de amarte.
Para que luego retomaras el control, de
la lucha por mi corazón.

Observarte, en aquel
espacio dimensional, donde
ya no estoy a tu lado.

¿Por qué emerge el invierno de tu cristalina
mirada?
¡Veo los cristales de dolor que emergidos, de
tus ojos, y transformados en diamantes,
apaciguan las huellas del rencor!

En la constelada noche, flota la amarilla luna.
Brilla con nuevos bríos, y su esencia, colma
el vacío…
Ya estoy pronta a perdonarte, en
la paz del amor.

Tu tritón y yo sirena

Nuestro amor se refleja en el agua...
Los peces nos miran, y quizás nos envidian.
O a lo mejor, nos extrañan...

Hace dos siglos que no retornamos
a nuestro hogar;
el mar; cuando tu eras tritón y
yo sirena.

Esta rosa nos dará el poder de la
transformación...
Volveremos a nuestra apariencia de siempre...

Llora

Contemplo a través de la noche;
Los árboles frutales y su derroche. Frutas
desperdigadas en tierra agreste, cual
amores rupestres.

Lloran las estrellas...
Llora la luna herida.
Llora el cielo.
La atmósfera está de duelo.
El clima frío, mi negro
vestido decora. Y el
entorno vacío, se
desborda...

Llora el mar, porque nunca
más podrá amar.

Llora el cielo, en
agudo desconsuelo.

Lloran las estrellas,
porque ya no son bellas.
Llora el sol, porque le
falta tu amor.

Llora la lluvia, llora el dolor,
sobre el desamor. Nuestro
amor murió, y sobres sus
restos, caerán por
siempre; Las lágrimas del
universo, cristalizadas en
tus versos.
Te necesito

En momentos en que el mundo se ensaña
conmigo. recuerdo tu ternura amor mío,
Cariño enternecedor que hace naufragar mis
tristezas, en la expansión de tu
comprensión.

Mi espíritu ansía tus palabras, y es cuando me
percato de cuanto te amo. Por la ansiedad y
deseo de tus frases de amor; por la ternura
que en raudales dispensas a mi corazón...

Y por los astros que me envías a través de la
distancia, enviados con pasión y constancia.

Fragmentos

Fragmentos de oro; brillan en el cielo.
Por que te adoro, a pesar de mis celos. Caen
los fragmentos, y presurosa, los recojo,
cerca del amor que siento; cual montón, cual
manojos.

Brillan, armonizan en mis manos; pues ,
sus fulgores acarician mis desganos. A un
paso de la espera; la noche me
acompaña. Caen los fragmentos en la
hoguera, de éste amor que engaña.

Gotas de lluvia

Gotas de lluvia, que queman mi corazón; son
llamas encendidas de nuestra pasión.

Cristalina y pura, surge del cielo, y cae
estrepitosamente entre mis desvelos.

Son; mis lágrimas gemelas discernidas; que
vibran en el aire, y caen sin vida.

Son; pequeños diamantes de desconfianza; que
afanosamente buscan ayuda; y no encuentran
más que la tierra muda.

Esencia suave y sutil de mis celos, que
humedecen mis sentimientos, eternamente.., los
cuales esparcidos; empañan el cristal de amor;
para siempre.

Una película plateada

Me miro en el espejo, y veo
aquella película plateada... Y
levité de amor por él, cuando el
sagrado sol se ocultaba... Una
película plateada muestra las
cenizas de su amor, fusionadas
en la pantalla de un poema, y
observo las escenas.

Imágenes rebosantes, en la
lejanía de los pensamientos,
donde su cautivadora mirada
reposa en mis recuerdos, donde

los secretos se debaten en
somníferos sueños.

Un hálito de luz, de aquel
veraniego atardecer, musita
sensaciones, y un aroma a
lluviosa naturaleza, enardece
mi piel.

Aun cosquillean en mi corazón,
sus florecientes palabras, que
palpitante se debate, en la
magia, sobre los efectos de mi
anatomía.

¡Extasiada sinfonía!
Sinfonía de luces y concordancias, aliada
a su fisonomía y al mundo. Transcurren,
los minutos los segundos, las horas, los
meses y los años.

Ya no está, se perdió en el infinito,
ya no existe, se diseminó en el
gris tiempo.

Una interrogante abre sus puertas, y
el navío del adiós está a la deriva.
Pienso a veces que me atraparon
las cuerdas de una utopía.
Pienso a veces, que me sumergí en espejismos,

cuando las llaves de lo prohibido estuvieron
en mis manos.

Tengo aún, la película plateada. que escondí,
en los secretos de aquella tarde, donde las
escenas se repiten una y otra vez, cada vez
que aprisiono el clip del pasado.
Más adelante desplegaré los versos de su
destino...

Magia de amor cibernético

Te envío un beso, atrápalo con tus labios,
y regálame el halo de tus horas, que
recorren el clima de tus letras...

Miles de céfiros esparcen a tus versos, suspiros,
y letanías.
Sobre los pétalos de la audiencia; una
diáfana clarividencia de sol rupestre,
anuncia tu llegada.
Vestido de olvido y recuerdos opacos, incendias
el bosque de la espera.

Flotas; cual nube
del ayer, caminas;
como el poeta que no encuentra su
destino.

Imantas el derredor de hojas secas y verdes,
que adheridas a tu fisonomía, se tornan en
caricias...

www.ingramcontent.com/pod-product-compliance
Lightning Source LLC
Chambersburg PA
CBHW081559220526

45468CB00010B/2695